OUVIR, AGIR E ENCANTAR

caro(a) leitor(a)

Queremos saber sua opinião sobre nossos livros.
Após a leitura, curta-nos no **facebook.com/editoragentebr**,
siga-nos no **Twitter** @EditoraGente,
no **Instagram** @editoragente e visite-nos
no site **www.editoragente.com.br**.
Cadastre-se e contribua com sugestões, críticas ou elogios.

GUILHERME
JULIANI

EDUARDO
COSOMANO

OUVIR, AGIR E ENCANTAR

A estratégia que transformou uma pequena empresa em uma das líderes do seu setor

Diretora
Rosely Boschini

Gerente Editorial Sênior
Rosângela de Araujo Pinheiro Barbosa

Editora Júnior
Carolina Forin

Assistente Editorial
Bernardo Machado

Produção Gráfica
Fábio Esteves

Preparação
Mariana Rimoli

Capa
Camila Batista

Projeto gráfico e diagramação
Vanessa Lima

Revisão
Renato Ritto
Fernanda Guerriero Antunes

Impressão
Loyola

Copyright © 2022 by
Eduardo Cosomano
e Guilherme Juliani

Todos os direitos desta edição
são reservados à Editora Gente.
Rua Natingui, 379 – Vila Madalena
São Paulo, SP– CEP 05443-000
Telefone: (11) 3670-2500
Site: www.editoragente.com.br
E-mail: gente@editoragente.com.br

Dados Internacionais de Catalogação na Publicação (CIP)
Angélica Ilacqua CRB-8/7057

Cosomano, Eduardo
 Ouvir, agir e encantar / Eduardo Cosomano & Guilherme Juliani. – São Paulo: Editora Gente, 2022.
 192 p.

 ISBN 978-65-5544-243-4

 1. Negócios 2. Administração de empresas 3. Empreendedorismo I. Título II. Juliani, Guilherme

22-4209
CDD 650.1

Índice para catálogo sistemático:
1. Negócios

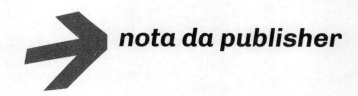

nota da publisher

Ouvi, dos autores Guilherme Juliani e Eduardo Cosomano, a seguinte máxima: "se há uma oportunidade, aproveite; senão alguém o fará". Logo, não poderia deixar a oportunidade de publicar o livro deles passar. Este é o primeiro livro de Guilherme conosco, e o segundo de Eduardo, e a expertise de ambos quando se trata de negócios, gestão e empreendedorismo é invejável – e desejável!

Em ***Ouvir, agir e encantar***, os autores apresentam, por trás das coxias, não só a MOVE3 – holding da área logística que foi de uma operadora pequena e familiar a ter valor estimado em dois bilhões de reais –, como também revelam as estratégias utilizadas para superar todo tipo de problema, dos mais complexos aos mais corriqueiros, que podem surgir quando se deseja construir uma empresa, seja ela familiar ou não.

Com uma linguagem sincera e abordagem franca, Guilherme e Eduardo prepararam um verdadeiro manual para empreender que, sem dúvida, será uma adição inestimável a sua estante, caro leitor. Boa leitura!

Rosely Boschini – CEO e publisher da Editora Gente

A todos os milhares de entregadores do nosso grupo: verdadeiros guerreiros, trabalhando sob chuva e sol forte todos os dias. Não pararam diante da covid-19 nem um dia sequer. Encararam estradas de terra, cruzaram rios de barco e até enfrentaram enchentes para fazer entregas.

Agradecimentos

Primeiramente, gostaria de agradecer ao time de funcionários das nossas empresas; são eles que tornam toda essa jornada possível. Sei que foram anos juntos e, nesse tempo, passamos por momentos de extremo estresse, de grandes conquistas e de comemorações marcantes. Palavras aqui não vão descrever o tamanho da gratidão que tenho por essa equipe. Alguns desses profissionais participaram deste livro, e espero que eles possam representar todos vocês! Muito obrigado a todos!

Não poderia deixar de agradecer a todos os nossos clientes que, como dito extensamente ao longo destas páginas, sempre nos orientaram muito em todas as nossas milhares de interações e, claro, quando necessário, nos criticaram, sempre com o objetivo de nos ajudar a melhorar nossos serviços, sabendo que seriam ouvidos.

Alguns desses clientes conheci quando eram estagiários e, hoje, ocupam cargos de gerência, diretoria etc. Muitos são nossos colegas de trabalho, pessoas com quem temos contato frequente há mais de duas décadas e, ao longo desses anos, pudemos observar bem de pertinho o progresso dessas carreiras e vibrar com cada promoção. Parabéns a todos e muito obrigado pelos longos anos de parceria.

Se hoje somos essa máquina de crescimento, é porque temos um excelente motor, que é a nossa malha de franquias. Uma extensa rede que, em grande parte, começou com micro e pequenos empresários.

Hoje, esses homens e mulheres transformaram seus pequenos negócios em médias e grandes empresas, algumas delas com cerca de 100 funcionários. Vemos em diversas unidades famílias trabalhando juntas, e em algumas os filhos dos franqueados originais assumindo as empresas. Nós queremos sempre o melhor para nossos filhos, por isso é gratificante para nós acompanhar esse processo.

São vocês franqueados que garantem a nossa qualidade e fazem com que a gente consiga entregar uma solução logística uniforme em um país com tantas diferenças culturais e tantas dificuldades sociais. Mais do que obrigado, parabéns pelo resultado de todos. Tenham a certeza de que vamos crescer juntos nas próximas décadas.

Por fim, o mais importante: só estou aqui hoje, escrevendo este livro, tocando a empresa e com diversos projetos acontecendo paralelamente porque existe uma "força invisível" que traz calma e estabilidade para minha vida pessoal, cuida muito bem de toda a família com muito amor e carinho e tem muita paciência e inteligência emocional para lidar com meus momentos de estresse. Essa pessoa que nunca parou de trabalhar e ainda toca toda a rotina das crianças.

Roberta, tenho uma admiração muito grande por você, apesar de erroneamente não expressar com frequência, sei que, sem você, nada disso seria possível!

Guilherme Juliani

Agradecimentos

A confiança é um elemento fundamental no ofício de jornalista e escritor. Para conseguir contar histórias de maneira profunda e honesta, é preciso criar uma conexão de respeito e lealdade entre as pessoas, algo cada vez mais raro nos dias de hoje. Por isso, não posso deixar de agradecer ao Guilherme Juliani por, entre tantos nomes de peso no mercado brasileiro, ter convidado a mim para colaborar neste projeto. Além de contar a jornada e todas as linhas de inspiração inerentes à criação e ao crescimento de uma companhia que hoje é referência na América Latina, esta obra fala sobre a capacidade de dialogar para encontrar soluções até então impossíveis. Por isso, foi um aprendizado pessoal participar deste livro.

Agradeço também ao Antonio e à Beatriz Juliani pela atenção e respeito com que me receberam. A história de vocês é inspiradora no sentido mais importante da palavra. Obrigado ao Andrez pelos direcionamentos preciosos e a todos os colaboradores do Grupo MOVE3 que de alguma forma participaram e me orientaram nesse processo.

Não poderia deixar de agradecer à minha esposa, Mariana e, ao meu menino, Heitor. Família é a minha base, minha motivação. É com quem eu quero estar em todo lugar e a qualquer momento. O sorriso de vocês é meu maior propósito.

Meu muito obrigado também à Editora Gente, por novamente acreditar no meu trabalho. Toda vez que entro no catálogo de escritores da editora, ainda demoro a acreditar que faço parte desse time. Um sonho que se tornou realidade.

Por fim, agradeço a Deus por ter saúde, alegria e disposição para viver o que há de bom nessa vida.

Eduardo Cosomano

Sumário

- 12 *Prefácio*
- 16 *Introdução*
- 22 *Capítulo 1:* O começo de tudo
- 36 *Capítulo 2:* Aceite: seu negócio provavelmente vai morrer
- 48 *Capítulo 3:* Uma nova postura gera novos negócios
- 70 *Capítulo 4:* A experiência do consumidor está em tudo
- 82 *Capítulo 5:* Rupturas exigem planejamento, persistência... e muita paciência
- 98 *Capítulo 6:* O início de uma nova fase
- 110 *Capítulo 7:* A oportunidade pode aparecer até nos piores momentos
- 136 *Capítulo 8:* A importância da integração e da unidade
- 156 *Capítulo 9:* Diversificação de receitas é a continuidade dos negócios
- 170 *Capítulo 10:* There's always a bigger fish

Prefácio
Luiz Augusto
Vergueiro

Durante a pandemia, com o fechamento das lojas físicas, o consumidor se viu obrigado pelas circunstâncias a recorrer às experiências digitais para dar sequência a uma vida minimamente normal. Sem medo de errar, afirmo que a compra pela internet foi uma das transformações mais profundas no hábito dos consumidores em todo o mundo, sobretudo no Brasil. Para se ter uma ideia, só no primeiro semestre de 2020, as vendas no e-commerce registraram um crescimento de 47% no primeiro semestre, maior alta em vinte anos, como apontam dados da Webshoppers, estudo sobre e-commerce do país elaborado semestralmente pela Ebit/Nielsen, em parceria com a Elo. De lá para cá, o e-commerce segue em ritmo frenético, crescendo cerca de dois dígitos por semestre.

Essa forte aceleração gerou um efeito cascata para diversos segmentos correlacionados e um que sofreu impacto direto foi o logístico, afinal, se vende, tem que entregar. O que aconteceu é que muitas empresas do setor tiveram que correr para atender uma demanda de forte pressão, que veio literalmente do dia para a noite. Em uma analogia, é como se um determinado encanamento estivesse preparado para dar vazão a cem mil litros de água e, de repente, tivesse de suportar um milhão de litros. Não tem segredo: só se mantiveram competitivos aqueles que se adaptaram à nova realidade. E poucos conseguiram esse feito.

Mas a adaptação da logística não se refere só à estrutura física: é a estrutura a partir da necessidade do cliente para uma melhor experiência de atendimento. Isso envolve pessoas, processos, tecnologia, reorganização, espaço físico. O consumidor quer a entrega rápida, em minutos, horas ou, no máximo, em pouquíssimos dias. E ele também quer uma amplitude de abrangência para além das regiões mais centrais do país: não se trata de uma logística de qualidade para São Paulo, ou só para a avenida Faria Lima. Precisa ser em cada rua, em cada viela. E tudo isso por um frete barato ou, se possível, zerado. Neste contexto, a logística se tornou não apenas um diferencial competitivo, mas um fator determinante de compra: se a entrega for cara e demorada, o consumidor simplesmente desiste; ou seja, na cabeça do consumidor, a estrutura de entrega é a garantia da sua boa experiência de compra. E na cabeça do empresário, a logística se torna protagonista de sua estratégia.

Só que toda a descrição que fiz acima certamente não se aplica só à logística. Diversos mercados estão mudando, seja em decorrência do boom tecnológico, seja em decorrência de novos perfis de clientes, ou, possivelmente, um misto de tudo isso.

Por essa razão, fico muito contente e confortável em assinar o prefácio deste livro. O próprio nome, aliás, parte de uma visão que eu, Guilherme e Eduardo temos em comum: **Ouvir, agir e encantar** compreende a ideia de colocar as necessidades do cliente no centro da experiência e, a partir daí, criar toda uma estrutura, humana e tecnológica, a serviço deste objetivo.

A logística, que é a minha área há mais de vinte e cinco anos, é trabalhada no livro, claro, mas como ferramenta para alcançar a excelência de atendimento. O que se discute são as exigências de um mercado cada vez mais complexo, repleto de novas necessidades e possibilidades. Não se trata, portanto, de acumular robôs e drones em galpões para realizar as entregas, e sim de entender como fazer tudo isso funcionar em prol do cliente e, por consequência, do negócio.

Ao longo das páginas do livro, Guilherme e Eduardo contam a história do Grupo MOVE3, uma operadora que vem assumindo um papel protagonista no mercado desde os anos 1990. Essa trajetória é contada a partir de *cases* internos, referências externas, conceitos de mercado e até histórias e percepções pessoais sobre a vida e o mundo. Trata-se de uma obra que reflete sobre as experiências humanas, a nossa relação uns com os outros, com tecnologia e com a nossa capacidade de reinvenção e superação: ativos mais que determinantes para profissionais de todas as áreas atualmente, seja na logística ou em qualquer outro segmento.

Luiz Augusto Vergueiro – *diretor sênior de operações logísticas do Mercado Livre e cofundador do Imersão Logística.*

INTRODUÇÃO

Guilherme Juliani

Meu nome é Guilherme Juliani e sou CEO do Grupo MOVE3, focado em operação logística. Em primeiro lugar, gostaria de apresentar o negócio a você. Atualmente, a nossa holding é composta de sete empresas. São elas: Flash Courier, Jall Card, Moove+, Moove+ Portugal, M3Bank e, mais recentemente, goX e Rodoê, ambas adquiridas no primeiro semestre de 2022. Ao todo, nossas empresas faturaram 804 milhões de reais em 2021 e certamente vão ultrapassar 1,1 bilhão em 2022.

A Flash Courier é focada exclusivamente em entregas de cartões de crédito, débito e talões de cheque e atende os principais bancos do Brasil. A Jall Card, por sua vez, produz e confecciona esses cartões e foi adquirida em 2003. Dessa forma, atuamos em toda a cadeia, desde a emissão até a entrega do cartão para o consumidor final, e nos consolidamos como líderes desse setor, posição mantida até hoje.

Já a Moove+ é voltada para estoque, armazenagem e entrega de encomendas de até 5 quilos vendidas via e-commerce. Manuseamos máquinas de pagamento, alguns eletrônicos, livros, roupas, sapatos, tudo que você possa imaginar. Vale destacar ainda que somos uma das poucas empresas com abrangência nacional a atuar com produtos regulados pela Agência Nacional de Vigilância Sanitária, a Anvisa, o que envolve desde cosméticos até medicamentos. A Moove+ foi adquirida em 2008 com o nome de iLog e fundida à Flash Courier em 2015. Posteriormente, em 2019, mudou de nome novamente, ampliou seu escopo e ganhou tração de fato. A Moove+ Portugal é o braço da Moove+ na Europa e nasceu em 2020.

Temos também o M3Bank, *fintech* criada em 2021 responsável por atender às necessidades financeiras do ecossistema interno do grupo. Com tantos negócios envolvidos, no mesmo ano de 2021 criamos o Grupo MOVE3, que abarca todas essas empresas.

Por fim, no começo de 2022 iniciamos uma estratégia de fusão e aquisição e já incorporamos investimentos importantes na goX, que fará todo o *cross border* do nosso grupo e será o braço responsável pela internacionalização dos nossos clientes, possibilitando que marcas brasileiras vendam seus produtos na Europa. Em português claro: a goX tem toda a inteligência e todos os sistemas necessários para levar as mercadorias dos nossos clientes para Portugal, o que inclui armazenar e preparar as conexões com os marketplaces europeus para venda on-line. Vale acrescentar ainda a aquisição da Rodoê, uma concorrente local da Moove+ no Brasil, que agora passa a agregar valor ao nosso negócio.

O resumo da ópera é esse.

Mas há um outro recorte importante a ser feito: havia uma empresa de 1993 a 2014 e outra, absolutamente diferente, de 2014 em diante. Os números evidenciam isso. Para efeito de comparação, até o ano da Copa do Mundo do Brasil, tínhamos uma sede, cem funcionários e fazíamos uma média de 400 mil entregas por mês. Atualmente, o Grupo MOVE3 realiza mais de 10 milhões de entregas mensais: um crescimento de inacreditáveis 2.400% em 7 anos. O nosso faturamento aumentou exponencialmente: de 15 milhões de reais em 2014 para 1,1 bilhão previstos em 2022. Ao todo, nosso grupo emprega mais de 6 mil colaboradores e conta com cinco filiais, 350 franquias e quatro centros de distribuição. O principal *hub* está localizado em São Bernardo do Campo, na região do ABC Paulista.

Tudo isso aconteceu muito rápido, é verdade, mas não do dia para a noite. E nem de longe foi obra do acaso. Pelo contrário, foi um processo árduo, que envolveu estratégia, tomada de decisão, dedicação, abdicação e muito, mas muito esforço e resiliência. Aliás, resiliência é uma palavra da moda, muito bonita, mas que consiste essencialmente em tomar porrada e seguir de pé. Na teoria, é romântico. Na prática, sinceramente, eu preferia não ter tido que ser resiliente. Mas tive que ser. E todos temos, acredito, pois no caminho do sucesso não faltarão fervorosas críticas aos nossos erros e muita gente afirmando que nossas conquistas foram "sorte". O que poucos veem é que a sorte é uma realidade, mas que precisa ser construída ao longo dos anos. Sobre esse tema, inclusive, há uma frase do jogador de golfe norte-americano Tiger Woods de que eu gosto muito: "Eu tive sorte, mas só depois que comecei a treinar dez horas por dia".

O fato é que não faltam à nossa história altos e baixos, decisões difíceis, discussões acaloradas, barracos em família, opções audaciosas, acertos, sapos engolidos, além – é claro – de alguns vacilos e presepadas dignos de nota. A nossa história é humana e viva. Vem dando certo até aqui, o que justifica algumas escolhas, mas não foi nada fácil.

E, já que falamos da Copa de 2014, digamos que também tivemos o nosso 7×1. Apagão, debandada geral de clientes, dívidas, empurra-empurra, problemas de gestão e uma sensação angustiante de quase impotência... Quando a gente se ligou, gol da Alemanha. Parecia até reprise. Foi assim conosco também. Foi preciso absorver as porradas e mudar de atitude – e isso não é fácil, ainda mais quando você não compreende nem de onde vem o golpe.

Além disso, é necessário constatar o óbvio: o mundo mudou muito, o mercado se transformou, a sociedade é outra, especialmente dos anos 2010 para cá. Falo de tecnologia e de suas infinitas possibilidades, é claro, mas também de comportamento, de exigências, de modelos de gestão. **É importante destacar que, nos novos tempos, nem sempre a empresa incompetente no seu ofício é a que vai à falência. Muitas vezes, a empresa é excelente no que faz, mas se torna obsoleta. A melhor das carruagens não chega perto do pior dos automóveis.**

Não me parece que a ascensão do automóvel tenha relação com uma falta de gestão nas empresas de carruagens. Acredito que uma tecnologia superou a outra, simples assim. A questão é saber se o gestor da empresa de carruagens percebeu a ascensão de uma tecnologia superior.

Só que as mudanças que antes levavam décadas para acontecer agora ocorrem em meses ou dias, literalmente, e é preciso se adaptar – nem que para isso seja necessário matar seu próprio negócio e abrir mão do seu posto para dar lugar à próxima geração. A questão é que o jogo estava mudando e eu acreditava que nós nos tornaríamos obsoletos se mantivéssemos a empresa naquela direção. E os números começaram a apontar que eu estava certo. Vamos falar muito desse tema nas próximas páginas. Mas, como mencionei, somos uma empresa familiar. E mudar a rota da empresa envolveu conflitos familiares intensos, especialmente entre mim e meu pai, Antonio Juliani. Em dado momento, nós pensávamos diferente. A propósito, é impossível contar a história da nossa empresa sem falar do meu pai e da minha mãe.

O Seu Juliani, como todos o conhecem, é um daqueles homens do seu tempo. Serviu na Força Aérea Brasileira, a FAB, nos anos 1970, e carrega aquele ar de teimosia e persistência, uma mistura de disciplina e rigidez com um certo sarcasmo e uma convicção sobre os próximos passos quase que premonitória. É uma figura que chega e ocupa os espaços – as pessoas sentem que ele chegou mesmo sem vê-lo passando pela porta. Absolutamente focado na qualidade, meu pai é extremamente exigente e tem ideias fixas. É duro e amável, às vezes ao mesmo tempo. E essa provavelmente foi a razão que fez com que ele levantasse uma empresa do zero até um faturamento de 15 milhões de reais. E, quando se trata de Brasil e todas as dificuldades do empreendedorismo por aqui, é de se tirar o chapéu.

Minha mãe, Beatriz Juliani, nos criou com empenho e amor, e quero registrar com todas as letras que sou extremamente grato a ela. Companheira, fiel, mão na massa, versátil e resiliente, minha mãe é nosso porto seguro, e dificilmente teríamos chegado até aqui sem a luta e as habilidades dela. Ela é o nosso filtro e tem uma capacidade de criar harmonia em um ambiente sem a qual empresa e família teriam implodido.

Neste livro, contamos a história da nossa empresa, mas nos focamos especialmente no período de 2014 para cá, que foi a nossa virada. Reunimos uma série de episódios e entrevistas que se convertem em ensinamentos práticos e simples que, certamente, podem ser aplicados a qualquer indústria e ajudar você, leitor ou leitora, a lidar melhor com as exigências dos novos tempos em um dia a dia tão desafiador como o que estamos vivendo.

E estou falando aqui no plural porque não escrevi este livro sozinho. Dividi essa missão com o Eduardo Cosomano, jornalista que trabalha há muitos anos à frente da nossa assessoria de imprensa. O Eduardo também é coautor do livro *Saída de mestre: estratégias para compra e venda de uma startup*, que, aliás, abarca uma vertente de inovação que faz muito sentido para a nossa companhia nos dias de hoje: aquisições.

Então é isso. Não temos a pretensão de sermos gurus ou altos especialistas nos assuntos abordados, por isso descrevemos nas próximas páginas nossos erros e acertos. Mas, como eu disse antes, a nossa experiência pode ser convertida em algumas dicas que tendem a se encaixar no seu dia a dia, de modo que este livro pode ajudar qualquer pessoa que queira melhorar seu departamento, gerência e empresa, ou, simplesmente, a si mesmo.

Capítulo 1
O começo de tudo

Eduardo Cosomano

O ano de 1993 pode ser definido como a derradeira página de um capítulo difícil do Brasil. Despertados sob a forte ressaca gerada pelo impeachment de Fernando Collor de Mello – o primeiro presidente eleito pelo voto direto pós-ditadura militar –, os brasileiros ainda sentiam as dores do confisco da poupança e de uma economia absolutamente descontrolada: o ciclo de 1993 foi o auge da hiperinflação no Brasil. Aquele ano registou inacreditáveis 2.477,15% de inflação.[1] Para efeito de comparação, em 1993, a inflação dos Estados Unidos ficou em 2,75% ao ano e a do Canadá em 1,65%. Traçando um paralelo com os tempos atuais, a inflação do Brasil em 2020, um ano duríssimo para a economia em razão da pandemia de covid-19, chegou a 10,74%, como aponta o Instituto Brasileiro de Geografia e Estatística (IBGE).[2] E esse já é um índice alarmante.

Na prática, essa inflação de quatro dígitos significava que os preços mudavam mais de uma vez por dia nas prateleiras do supermercado, e era muito comum que boa parte das famílias estocasse grandes quantidades de comida e viajasse diariamente para fazer compras

---

[1] INFLAÇÃO 1993 por país. **Inflation.eu**. Disponível em: https://www.inflation.eu/pt/taxas-de-inflacao/ipc-inflacao-1993.aspx. Acesso em: 11 jul. 2022.

[2] HASSEL, R. Inflação chega a 10,74% em 12 meses, a mais alta desde 2003. **Correio Brasiliense**, 11 dez. 2021. Disponível em: https://www.correiobraziliense.com.br/economia/2021/12/4970044-inflacao-chega-a-1074-em-12-meses.html. Acesso em: 13 jun. 2022.

em alguma cidade onde o preço ainda não havia sido atualizado. Sem delongas, se há algum ponto positivo nessa história é que ela comprova na carne que não existe bem-estar social sem uma economia eficiente.

Pois bem: neste cenário, muitos empreendedores lutavam para criar negócios sólidos, mas é difícil estabelecer alicerces em uma areia fofa como era (e talvez ainda seja) a economia brasileira. Não havia nenhuma estabilidade. Mesmo assim, Antonio e Beatriz Juliani viviam um sonho em particular: a recém-criada Flash Courier. O negócio parecia estar dando certo.

"Eu me lembro que era uma sexta-feira fim de tarde, não sei exatamente o mês. O Juliani (Antonio) me ligou todo feliz dizendo que tínhamos fechado uma remessa de cem entregas. Imagina, era um acontecimento, cem entregas! Ele e o Luiz Antônio, que era nosso sócio na época, não iam dar conta de embalar e entregar tudo. Então, peguei o Guilherme e o Bruno e fomos para a rodoviária e embarcamos para São Paulo. Fiz esse trajeto dezenas de vezes nos anos 1990. Naquela época era ônibus mesmo, não tinha essa de avião, era tudo muito caro e nós estávamos começando",[3] relembra Beatriz Juliani, matriarca da família.

O entusiasmo de Beatriz tinha uma razão de ser, já que era a primeira boa notícia após um período de altos e baixos. "Nós tínhamos alugado uma sala na Avenida Vereador José Diniz, em São Paulo, mas as despesas superavam as receitas. Demos o passo maior que a perna, mas agimos rápido. Em menos de seis meses, devolvemos a sala e migramos as operações para o apartamento do Luiz Antônio. Ali a gente ficou por quase um ano. Aí a empresa começou a deslanchar."

Guilherme Juliani

Lembro bem dos episódios em que eu e meu irmão ficávamos na sala do apartamento do Luiz Antônio até a madrugada, ajudando a

---

[3] Entrevista realizada em 4 abr. 2022.

localizar a página de cada entrega no *Guia Quatro Rodas*.[4] Em seguida, digitávamos no sistema e imprimíamos as etiquetas em uma Epson LX 330, uma impressora matricial de agulhas que fazia um barulhão e demorava uma eternidade para imprimir uma simples folha A4 de etiquetas. E essa era a Ferrari das impressoras, algo que havia permitido aposentar as máquinas de escrever.

Depois, para transmitir os dados, era necessário conectar um modem de 360 kilobytes por segundo. A título de referência, uma foto do celular hoje tem 10 milhões de kilobytes. Outro evento marcante das primeiras versões do nosso sistema operacional é que, na época, não existia um banco de dados que reunisse todos os endereços do Brasil. A solução? Meu irmão e eu digitamos todos os CEPs e ruas do *Guia Quatro Rodas* no sistema para criar esse banco de dados. Se você tem mais de 30 anos, provavelmente sabe o que isso significa na prática.

Eduardo Cosomano

Antes disso, porém, muita coisa já havia acontecido na vida de Antonio e Beatriz. Muito antes da fundação da Flash, ambos desenvolveram e capitalizaram conhecimento em inúmeras atividades pessoais e profissionais. E quem conhece o Juliani, já sabe: o que não faltam são histórias.

Conversamos quase um dia inteiro e, enquanto me contava seus feitos e detalhava todo o clima de brincadeira e de gozação reinante na aviação, setor em que construiu boa parte da sua carreira e de seus valores, Antonio apontava orgulhoso para o quadro pendurado em seu escritório, na sede da Jall Card, em São Bernardo do Campo, região metropolitana de São Paulo. Na obra, um avião monomotor com o logotipo da Courier

---

[4] O *Guia Quatro Rodas* foi uma série de guias rodoviários brasileiros editados pela Editora Abril entre 1965 e 2014, com indicações de hotéis, restaurantes, rodovias, passeios, escolas, parques, hospitais e outros pontos de referência para viajantes motorizados. Anualmente, eram publicados os guias das cidades de São Paulo, Rio de Janeiro, Belo Horizonte, Curitiba, Porto Alegre, Recife e Campinas, assim como um guia nacional, e, eventualmente, havia edições de praias e de outras atrações turísticas do país. Algumas edições ainda incluíam países do Mercosul. Fonte: Wikipédia.

Express plana em frente à bandeira do Brasil que flamula com os dizeres "Brasil, acredite".

Juliani foi vendedor de brinquedos na adolescência, digitador e operador de sistemas na PROCERGS (Centro de Tecnologia da Informação e Comunicação do Estado do Rio Grande do Sul). Foi lá que desenvolveu admiração por sistemas e tecnologia, DNA da Flash e demais empresas do grupo até hoje. Aos 18 anos, tornou-se militar e piloto da Força Aérea Brasileira. Mais adiante, adquiriu experiência como piloto de aviação comercial, passando por grandes companhias como a TABA (Transportes Aéreos Regionais da Bacia Amazônica S/A), a Rio Sul e, por fim, a VASP (Viação Aérea São Paulo), onde foi comandante, instrutor, checador e diretor de operações. Nesse último cargo, Juliani realizou feitos importantes para o mercado de aviação, como dirigir a homologação do Boeing 737 para operar no Aeroporto Santos Dumont, implantar as aeronaves DC-10 e MD-11 adequadas para o início das linhas internacionais para Miami, Los Angeles e São Francisco (nos Estados Unidos), além da Coreia do Sul.

Antonio também foi diretor do SNA (Sindicato Nacional dos Aeronautas), onde fundou a VOE (Vasp Organização de Empregados), uma sociedade anônima que congregou cinco mil dos sete mil empregados da Vasp. "Essa organização, sem nenhum capital financeiro, acabou adquirindo 20% da Vasp no processo de privatização", diz. Sua atuação na aviação militar e comercial trouxe reconhecimentos expressivos, como o troféu de recordista de bombardeio sasante do 2º Esquadrão de Instrução Aérea e a medalha Mérito Santos Dumont, concedida devido aos serviços prestados à Aviação Comercial Brasileira. Além disso, sua experiência trouxe um bom conhecimento do setor.

E aí é que começa a história com o mercado de entregas. Antonio foi sócio da Security Express, uma empresa de carga aérea que não decolou e encerrou as atividades. Logo em seguida, em conjunto com o ex-sócio Luiz Antônio, abriu a Flash Courier. "Eu havia acessado o conhecimento da logística, do mercado de transporte, das técnicas de negociação, da história de empresas como FEDEX e UPS, e acreditava que havia demanda para uma grande empresa privada de pequenas encomendas no Brasil. Não tínhamos capital financeiro, mas tínhamos muita força de vontade e então começamos. Após alguns tropeços e adaptações, nasceu a Flash Courier."

Os tropeços pelos quais Juliani passou se referem a uma série de negócios e atividades que podem até parecer descoladas da realidade de uma empresa de logística, mas que, no fim, serviram para ajudar a construir valores que alicerçam os negócios, como atendimento cordial, alegre, honesto, com qualidade em todos os detalhes. Ao longo dos anos 1980 e do início dos 1990, por exemplo, o casal tocou uma série de empreitadas: desde importação de luzes automáticas, passando por *vending machines* de refrigerante até a venda de caju no Ceasa.

"Eduardo, eu me lembro que eu estacionava a caminhonete e começava a descarregar as caixas e ninguém me ajudava. Aquele bando de homem olhando como se eu não pertencesse àquele lugar, e ninguém me ajudava. Então eu descarregava as caixas sozinha, uma por uma. Sem problema nenhum. Mas eu me lembro de cada detalhe", conta Beatriz.

Outro ponto valioso dessa jornada foi a resiliência, afinal, nem tudo foram rosas ao longo dos anos. "Me lembro de um período de 'vacas magras', já nos anos 90. Então reuni a família e esclareci a situação. A gente teve uma boa fase, mas as coisas mudaram, ainda mais por conta do cenário de hiperinflação. O Guilherme e o Bruno, ainda meninos, ajudavam como podiam. Lembro que os dois consertaram suas bicicletas e economizavam no transporte para escola", detalha Juliani.

Guilherme Juliani

Já disse na introdução do livro, mas repito: quando o assunto é Brasil e todas as dificuldades ao empreendedorismo por aqui, o empenho de meus pais nos negócios é de se tirar o chapéu. Eu era um garoto, claro, mas me lembro de todos esses empreendimentos. Foram diversos negócios montados pelos meus pais que fecharam, desde fábrica de guardanapos, *vending machines* (aquelas máquinas de vender refrigerante) até *courier* aéreo. Hoje é claro para mim que os aprendizados, os medos e a austeridade gerados por eles, sem dúvida, ajudaram a moldar a Flash Courier e, posteriormente, todas as empresas do grupo.

Voltando para a Flash, já em 1995, a internet começou a funcionar oficialmente no Brasil via Embratel.[5] Então, falar de desenvolvimento de sistemas naquela época era como falar de computação quântica e metaverso hoje. Mesmo assim, o tema começou a determinar parte do que é a nossa cultura atualmente: tecnologia e processos muito bem estruturados. Nesse contexto, a empresa seguiu crescendo e se expandiu para o Rio de Janeiro, onde minha mãe fundou e começou a gerenciar a primeira unidade remota da Flash: a Regional Rio.

Nessa época, o Unibanco tinha comprado o Banco Nacional,[6] que era muito presente no imaginário popular devido ao patrocínio ao nosso querido piloto Ayrton Senna. Como parte da transação, o Unibanco fez a troca de milhares de cartões, o que gerou milhares de entregas. A demanda era tamanha que chamei alguns amigos da escola e eles também começaram a trabalhar comigo para a minha mãe. No entanto, logo notei que poderíamos montar o que seria uma das primeiras franquias da Flash Courier. Juntei uns trocados que tinha com o meu irmão, compramos um computador e, na sala de casa, fizemos a nossa empresa, a Nik – que nada mais era do que meus amigos fazendo entregas, mas, em vez de trabalharem para a minha mãe, eles se tornaram meus primeiros funcionários.

Mas esse não foi o meu primeiro negócio. Antes disso, com 15 anos, eu já tinha feito com outros três amigos uma pequena "empresa de eventos", que realizava festas nos prédios da redondeza e vendia ingressos. Depois disso, evoluímos para moda da época: um site que

---

[5] MULLER, N. O começo da internet no Brasil. **Oficina da Net**, 23 abr. 2008. Disponível em: https://www.oficinadanet.com.br/artigo/904/o_comeco_da_internet_no_brasil. Acesso em: 11 jul. 2022.

[6] NASSIF, L. Unibanco compra lado bom do Nacional. **Folha de S. Paulo**, 21 nov. 1995. Disponível em: https://www1.folha.uol.com.br/fsp/1995/11/20/dinheiro/11.html. Acesso em: 11 jul. 2022.

disponibilizava fotos das baladas na internet – lembrando que era o fim da década de 1990, as câmeras tinham menos de 5 megapixels e a conexão à internet era discada. Ou seja, se o site não tivesse uma ótima programação, a foto demoraria uma eternidade para aparecer.

Uma curiosidade é que esse site chegou a receber uma proposta de compra por algo em torno de 200 mil reais nos valores de hoje. No auge da nossa prepotência adolescente, nós nos recusamos a vender por acreditar que nosso negócio valia muito mais. Resultado: o site acabou saindo do ar menos de um ano depois, quando um concorrente nos esmagou. E aqui vai a primeira lição: nunca subestime o mercado. Nós estávamos no meio da famosa bolha da internet, e os sites estavam recebendo aportes gigantescos. Tendo em vista que éramos meros pirralhos de 19 anos com uma câmera e um computador, era meio óbvio que seríamos atropelados por grandes empresas. Nós perdemos o bonde.

Voltando à nossa primeira franquia: apesar das dificuldades da época, até pelo porte da empresa e pelo tipo de carga que nós transportávamos naquele momento, a vida era mais fácil. A concorrência era menor, as exigências tributárias eram baixas, não havia tanta pressão dos clientes. Talvez, um dos pontos já bastante complexos era a questão dos direitos trabalhistas. Naquela época, tive a minha primeira decepção nesse sentido, indo aos 18 anos depor na frente de um juiz em um processo trabalhista movido por alguém que eu achava que era meu amigo. Outro aprendizado: quando a coisa aperta, amigos, amigos... negócios à parte!

Eu me lembro que, naquela época, meu pai me disse uma frase que eu nunca mais esqueci: "Nunca contrate alguém que você não pode demitir". Isso porque se trata de uma linha de conflitos muito comum em uma empresa familiar. Acontece que seguir esse conselho não é exatamente fácil.

Conforme a empresa cresce, é comum que os tomadores de decisão e aqueles que detêm maior influência na companhia passem a receber diversos pedidos de emprego. Quase toda semana eu recebo pedidos de ajuda de familiares, amigos, fornecedores, clientes etc. Como

OUVIR, AGIR E ENCANTAR

realmente ocupo uma posição de certa influência, inclusive em outras empresas, não me sinto moralmente confortável em não ajudar. Acho que ajudar os outros não é só uma obrigação, mas um privilégio. Por outro lado, dar um emprego para uma pessoa que não se encaixa em uma função ou em um salário não é ajuda, é problema. Essa pessoa não vai render ou vai receber um salário que criará conflito com os demais membros da equipe. Se for uma indicação para terceiros, você ainda sai queimado.

Por isso, sempre peço um currículo bem estruturado e detalhado, com pretensão salarial, para poder entender como posso ajudar. Só indico uma pessoa quando estou convicto de que ela esteja pronta e sou explícito quanto a esse meu limite. Além de tudo, em hipótese alguma contrato alguém próximo para ficar diretamente subordinado a mim e deixo bem claro que não terei ingerência nenhuma sobre a pessoa. E digo isso com alguma bagagem: já demitimos primos e amigos e descredenciamos fornecedores que faziam parte da família em diversas situações. Isso gerou conflito, pois é uma decisão radical e geralmente tomada de maneira unilateral que, evidentemente, sofreu o "julgamento" do resto da família. Portanto, é preciso muito cuidado para não ajudar uma pessoa e se prejudicar ou atrapalhar o andamento dos negócios.

Voltando ao passado, em meados do ano 2000, no meu segundo ano da faculdade de Administração, pintou uma oportunidade de estágio na IBM. Eu abracei e fiquei dois anos lá. Depois dessa experiência, fui aprovado para uma vaga na Souza Cruz, que me exigia muito mais. Nessa época, acabei deixando de lado os negócios da Flash, que já contava com vinte colaboradores e um faturamento mensal de 70 mil reais. A Nik, a franquia que eu tinha criado com meu irmão, faturava cerca de 5 mil reais mensais. Olhando para trás, entendo que as experiências externas de ter sido estagiário na IBM e depois funcionário na Souza Cruz foram extremamente necessárias para entender como a cabeça dos colaboradores funciona. Ser funcionário é obviamente muito diferente de ser empresário, mas até os 20 anos eu não tinha estado daquele lado do balcão.

Em 2004, meu pai comprou a parte do Luiz Antônio na empresa e me convidou para ajudar na Flash. Para isso, eu precisava me mudar do Rio para São Paulo, o que pra mim foi muito difícil, uma vez que eu já namorava a Roberta – minha esposa e mãe das minhas filhas, Lara e Sofia. A solução, então, era ficar durante a semana em São Paulo e nos fins de semana com a Roberta, no Rio. Ainda me lembro como era difícil me despedir dela e pegar o último ônibus do domingo à noite, às 23h50, para chegar em São Paulo às 5 horas da manhã. Para minha sorte, mesmo com a distância, a Roberta sempre me apoiou muito nessas decisões loucas de vida.

A empresa terminou aquele ano com um faturamento de aproximadamente 400 mil reais, e já tinha cerca de quarenta colaboradores, uma base de sete clientes muito fiéis, uma ótima saúde financeira e zero dívida nos bancos. Porém, ainda sofria de uma fragilidade muito grande: dois clientes eram responsáveis por quase 80% da receita. Se houvesse algum problema com esses dois, poderíamos literalmente desabar. Aqui fica mais uma lição: nunca deixe a maior parte da receita na mão de poucos clientes.

De 2000 até 2014, muita coisa aconteceu na nossa empresa, evidentemente, mas eu gostaria de elucidar dois episódios. O primeiro foi a entrada no grupo, em 2003, da Jall Card, uma empresa que fabrica e grava as informações dos cartões de crédito. O segundo foi a aquisição de uma empresa concorrente, a iLog, que permaneceu operando de maneira independente até o ano de 2014, quando foi fundida à Flash. Conforme já falamos anteriormente, em 2019 a iLog se tornaria a Moove+.

Nesse período, o faturamento da Jall não evoluiu muito, mas suas dívidas cresceram consideravelmente. A Flash seguia como a maior empresa do grupo, mas a iLog crescia em ritmo mais agressivo. O nosso grupo de empresas já contava com 140 funcionários ao todo, mas o Brasil começava a encarar uma gigantesca crise econômica, que durou de 2014 – com a disputadíssima eleição em que Dilma Rousseff derrotou Aécio Neves –, e que se estendeu até o impeachment da Dilma, em 2016. Naquele ano, vale ressaltar, o país registrou um recuo de 3,6% no Produto

Interno Bruto (PIB).[7] Em 2015, um ano antes, o recuo tinha sido de 3,8%. Juntos, esses números representavam a pior recessão já registrada na economia brasileira e, pela primeira vez desde 1996, todos os setores da economia registraram taxas negativas.[8] E, se levarmos em conta que o IBGE e o Instituto de Pesquisa Econômica Aplicada (Ipea) dispõem de dados sobre o PIB desde 1901, sabemos que o período não foi brincadeira.

Bem, foi nesse cenário potencialmente crítico que eu assumi a vice-presidência da empresa, embora na prática já atuasse como presidente e apenas os departamentos de contabilidade e jurídico não respondiam diretamente a mim, o que mudou em 2018. A história daqui para a frente você vai descobrir nas próximas páginas deste livro, mas é preciso reforçar: a empresa que surgiu em 2014 era totalmente diferente da que existia até então.

Foi como eu disse anteriormente: se até 2014 éramos uma empresa com uma sede, cem funcionários, uma média de 400 mil entregas por mês e um faturamento de 15 milhões de reais, agora o Grupo MOVE3 realiza mais de 10 milhões de entregas por mês, possui cinco filiais, 350 franquias e quatro centros de distribuição, além de empregar mais de 6 mil colaboradores e ter uma projeção de faturamento de 1,1 bilhão de reais em 2022. Um crescimento exponencial em todos os sentidos.

Importante também frisar que, na nova economia, um crescimento como esse parece até rotineiro – hoje vemos algumas startups crescendo 100% ao ano, às vezes 100% em um mês. Mas normalmente elas fazem isso com uma queima de caixa de dar inveja! Em geral são milhões de reais despejados para "forçar" o crescimento. No nosso caso, fizemos isso tudo com capital próprio e um endividamento saudável de menos de 50% do EBITDA do grupo.

---

[7] CURY, A.; SILVEIRA, D. PIB recua 3,6% em 2016, e Brasil tem pior recessão da história. **G1**, 7 mar. 2017. Disponível em: https://g1.globo.com/economia/noticia/pib-brasileiro-recua-36-em-2016-e-tem-pior-recessao-da-historia.ghtml. Acesso em: 11 jul. 2022.

[8] CURY, A.; CAOLI, C. PIB do Brasil cai 3,8% em 2015 e tem pior resultado em 25 anos. **G1**, 3 mar. 2016. Disponível em: https://g1.globo.com/economia/noticia/2016/03/pib-do-brasilcai-38-em-2015.html. Acesso em: 11 jul. 2022.

Fazer o trabalho com excelência já não é suficiente. É óbvio que trabalhar bem é um diferencial, a questão não é essa. O problema é que muitos negócios se tornam obsoletos ainda que a qualidade de seus serviços esteja elevadíssima. Muitas empresas vão à falência justamente por fazer muito bem por muito tempo o mesmo serviço e não se atentarem ao novo. Mais uma vez, reforço: uma excelente carruagem, por melhor que seja, seguramente é superada pelo pior dos automóveis – e por pior que seja essa comparação, esse é o ponto. É mais ou menos como o caso da Blockbuster, que viu seus milhares de lojas de aluguel de DVDs no mundo inteiro esvaziarem por causa de empresas como a Netflix, que passaram a oferecer serviços de *streaming*.

Olhando para trás é muito fácil dizer que eles poderiam ter adaptado as lojas para algo diferente ou comprado a Netflix quando tiveram a chance.[9] Existem centenas de artigos sobre *cases* como esse que não deram certo. Mas também existem os que conseguiram se reinventar, e é nesses que preferimos nos focar.

Um caso interessante é o da Best Buy, varejista americana que viu suas vendas serem sugadas pela Amazon. O ex-CEO da marca, no entanto, Hubert Joly conseguiu transformar a organização a tempo não somente de salvá-la, mas, especialmente, de colocá-la em uma posição relevante.[10] E, obviamente, nós não queremos ser uma das empresas que continuam fazendo seu serviço de maneira excelente como a Blockbuster e, mesmo assim, observar do assento VIP nosso negócio simplesmente desaparecer.

Enfim, o jogo estava mudando e eu acreditava que nós nos tornaríamos obsoletos se mantivéssemos a empresa naquela direção. E, como eu disse na introdução, os números começaram a apontar o que eu temia. Vamos falar muito desse tema nas próximas páginas.

---

[9] ADAPT or die: how Netflix took down Blockbuster. **Crucible Leadership**. Disponível em: https://crucibleleadership.com/2019/09/adapt-or-die-how-netflix-took-down-blockbuster/. Acesso em: 8 ago. 2022.

[10] BARISO, J. Amazon almost killed Best Buy. then, Best Buy did something completely brilliant. **INC**. Disponível em: https://www.inc.com/justin-bariso/amazon-almost-killed-best-buy-then-best-buy-did-something-completely-brilliant.html. Acesso em: 8 ago. 2022.

LIÇÕES DO CAPÍTULO 1

>> Nunca é tarde para empreender: meus pais começaram a Flash Courier com 40 anos. Hoje, a empresa faz parte de uma holding com previsão de faturamento de 1,1 bilhão de reais em 2022.
>> Todas as experiências que você tem na vida, de algum modo, podem ajudar.
>> Fazer seu trabalho com excelência não te garante o topo, uma vez que a melhor carruagem não chega nem perto do pior automóvel. Assim como a teoria de Darwin referente à evolução natural, nos negócios, vence aquele que se adapta ao meio ambiente.
>> Não contrate alguém que não pode demitir. É preciso muito cuidado para não ajudar uma pessoa e se prejudicar ou atrapalhar o andamento dos negócios.

Fazer seu trabalho com excelência não te garante o topo, uma vez que a melhor carruagem não chega nem perto do pior automóvel. Assim como a teoria de Darwin referente à evolução natural, nos negócios, vence aquele que se adapta ao meio ambiente.

Capítulo 2
Aceite: seu negócio provavelmente vai morrer

Eduardo Cosomano

A história da evolução é repleta de tecnologias que simplesmente foram dizimadas porque outras melhores surgiram e ocuparam seu lugar. O que não faltam são empresas que marcaram uma geração, revolucionaram o seu tempo, movimentaram bilhões de dólares e aparentavam ser absolutamente indestrutíveis e insuperáveis. No entanto, em algum momento, foram superadas ou destruídas – pelo tempo, pela concorrência ou pelas próprias decisões... pequenas ou grandes.

Blackberry[11] e Nokia[12] são exemplos de duas marcas que dominaram o mercado de celulares em meados dos anos 2000, mas foram superadas pela Samsung e pela Apple quando o tempo dos *smartphones* chegou. A Kodak foi sinônimo de fotografia por quase todo o século XX, mas não chegou nem perto do mesmo desempenho na era da fotografia digital.[13]

---

11 KLEINA, N. A história da BlackBerry: do passado glorioso ao presente discreto [vídeo]. **Tecmundo**, 23 mai. 2017. Disponível em: https://www.tecmundo.com.br/blackberry/116811-historia-blackberry-passado-glorioso-presente-discreto-video.htm. Acesso em: 11 jul. 2022.

12 FOGAÇA, A. Nokia vai apostar apenas no mercado de celulares simples e intermediários. **Olhar Digital**, 7 mar. 2022. Disponível em: https://olhardigital.com.br/2022/03/07/reviews/nokia-deve-apostar-apenas-no-mercado-de-celulares-simples-e-intermediarios/. Acesso em: 11 jul. 2022.

13 MUI, C. How Kodak failed. **Forbes**, 18 jan. 2012. Disponível em: https://www.forbes.com/sites/chunkamui/2012/01/18/how-kodak-failed/?sh=1c7ad3176f27. Acesso em: 11 jul. 2022.

Outro caso emblemático é o da Blockbuster, mencionado anteriormente. Se você nasceu pelo menos nos anos 1980 e 1990, com certeza teve o prazer de alugar um filminho em uma dessas locadoras de vídeos. Fundada em 1985, a Blockbuster chegou a ter mais de 8.500 lojas em todo o mundo e, em 2007, operava em 26 países e contava com mais de 70 milhões de associados. Ascenção meteórica, estrutura robusta, atuação global. Os indicadores apontavam para um negócio consolidado.

Ledo engano.

Em 2010, a empresa pediu concordata e, em 2014, faliu. O crescimento das empresas que ofereciam serviços de aluguel de filmes on-line, como a Netflix, foi um dos fatores apontados como a causa da falência. Curiosamente, a Blockbuster poderia ter comprado a Netflix por 50 milhões de dólares em setembro de 2000, mas o CEO da Blockbuster, John Antioco, achou a Netflix cara demais. Deu no que deu. Essa história é contada em detalhes no espetacular *A regra é não ter regras: a Netflix e a cultura da reinvenção*,[14] escrito a quatro mãos pelo fundador e CEO da empresa, Reed Hastings, e por Erin Meyer, autora do aclamado *The culture map*[15] e professora do Instituto Europeu de Administração de Empresas (Insead), uma das mais prestigiadas escolas de negócios do mundo.

Um primeiro impulso que podemos ter quando deparamos com uma empresa que foi superada ou tomou uma decisão que se revelou errada, como aconteceu no caso da Blockbuster, é apontar o dedo: "Foram soberbos", "não se prepararam", "faltou estratégia".

Bem, quando olhamos para o passado, fica fácil perceber que essas e outras empresas não conseguiram inovar e que isso lhes custou muito caro. Como falei no início deste capítulo, a história da evolução é repleta de tecnologias que simplesmente foram dizimadas porque outras melhores surgiram e ocuparam seu lugar. A questão é que essas mudanças aconteciam

---

14 HASTINGS, R.; MEYER, E. **A regra é não ter regras**: a Netflix e a cultura da reinvenção. Rio de Janeiro: Intrínseca, 2020.

15 MEYER, E. **The culture map**: breaking through the invisible boundaries of global business. Nova York: PublicAffairs, 2014.

em uma velocidade completamente diferente, infinitamente mais lenta do que acontece atualmente. As pessoas sabem que as coisas mudam, mas nunca acham que as coisas vão mudar para elas, muito menos que essas mudanças acontecerão em pouco tempo ou a ponto de prejudicá-las. E esse é um fenômeno mais recente, fruto do avanço tecnológico.

Uma forma de visualizar isso: se fosse possível transportar alguém trinta anos para a frente ou para trás no tempo, dependendo da época histórica escolhida para essa viagem, a pessoa talvez não percebesse grandes mudanças no mundo. Porque, de fato, o mundo mudava pouco. Mas, se alguém fosse transportado dos anos 1990 para a década de 2020, estaria em um planeta completamente diferente. Orelhões, fitas VHS, *walkmans* e o fax deram lugar a celulares, *streaming* e uma internet capaz de encurtar qualquer distância. É difícil ter essa compreensão, mas vivemos em um mundo futurista, quase fantasioso da perspectiva daqueles que presenciaram o final do século XX.

A geração que hoje tem entre 35 e 40 anos teve que atravessar toda essa evolução tecnológica, de modo que as constantes mudanças fizeram parte de seu cotidiano ao longo da vida. Para a geração com 30 ou menos, o mundo é digital desde sempre – com algumas lembranças de uma internet discada ali e uma fita cassete aqui, mas nenhum contato intenso com o mundo analógico –, e com mudanças que ocorrem cada vez mais rápido. Então, as referências são diferentes.

Guilherme Juliani

Quando assumi a empresa, em 2014, nós, assim como o Brasil, estávamos mergulhados na crise. Era ano de eleição, a primeira após os protestos de 2013[16] que haviam parado o país, e o início de um movimento de polarização política e instabilidade econômica que perdura, por razões diversas, até os dias de hoje. O panorama brasileiro ficou caótico e isso impactou nosso negócio. Naquele ano, o Brasil cresceu

---

16 JORNADAS de junho. *In*: WIKIPEDIA. Disponível em: https://pt.wikipedia.org/wiki/Jornadas_de_Junho. Acesso em: 11 jul. 2022.

0,1%, o pior resultado econômico desde 2009, de acordo com dados do IBGE.[17] Os anos seguintes foram ainda piores, registrando a maior recessão econômica da história do país, como já falamos no capítulo anterior. O cenário macroeconômico era péssimo.

Em meio a esse caos, começamos a sentir retração nas nossas contas e a agir para reduzir custos. Sem meias-palavras, nós estávamos em franco declínio e nos enforcando. Havíamos perdido os nossos dois principais clientes. O primeiro movimento foi realizar a fusão da Flash e da iLog. Juntas, as empresas haviam demitido quase cinquenta pessoas e perdido parte significativa do faturamento. A fusão foi bem planejada e, na semana em que anunciamos a mudança para os funcionários e clientes, encerramos a atividade no galpão da iLog, em Osasco, e transferimos a empresa para a Zona Sul de São Paulo, juntando sua operação com a da Flash. Otimizamos as atividades dos dois negócios e, aparentemente, conseguimos estancar as perdas.

Mas crise é crise, e algo pior ainda estava para acontecer. Era a lei de Murphy dando as caras: "Se alguma coisa pode dar errado, dará. E mais, dará errado da pior maneira, no pior momento e de modo que cause o maior dano possível".[18] O principal gestor da iLog naquele momento, um homem que havia trabalhado ao nosso lado durante muito tempo e aprendido todos os nossos segredos e defeitos, simplesmente se desligou da empresa para abrir uma concorrente. E mais: estava levando vários clientes e funcionários-chave com ele. Uma outra lição aqui: **não é saudável que o alicerce da empresa seja o nome da pessoa no comando; os clientes e os funcionários devem confiar preferencialmente na marca que foi construída.** Isso traz uma solidez muito grande para o negócio quando se tem uma visão de longo prazo. Mas esse nem de longe era o nosso caso!

---

[17] CURY, A.; CARDOSO, C. Economia brasileira cresce 0,1% em 2014, diz IBGE. **G1**, 27 mar. 2015. Disponível em: https://g1.globo.com/economia/noticia/2015/03/economia-brasileira-cresce-01-em-2014-diz-ibge.html. Acesso em: 11 jul.2022

[18] PERCÍLIA, E. Lei de Murphy. **Brasil Escola**. Disponível em: https://brasilescola.uol.com.br/curiosidades/lei-murphy.htm. Acesso em: 11 jul. 2022.

A essa altura, a Flash Courier completava 21 anos de sua fundação, e não era exagero pensar que poderia ser seu fim. Eu, pessoalmente, vivia com o medo de que a empresa viesse a falir rapidamente e a qualquer momento. **O medo é um sentimento paradoxal: pode ser um poderoso aliado, caso você o use para criar vacinas para os seus problemas, ou um poderoso inimigo, se você deixar que ele o torne paranoico ou permitir que ele guie suas decisões ou o paralise.**

Nesse momento, a gente pôs a bola no chão e refletiu profundamente sobre o que estava acontecendo. Conversamos eu, meu pai e o Andrez, atual diretor de operações do Grupo MOVE3, e chegamos a algumas conclusões:

» Nossas receitas estavam limitadas porque nosso mercado de atuação era limitado: o grosso da receita da Flash ao longo de duas décadas foi a operação logística de cartões de débito e crédito. A gente não entregava mais nada. Com a entrada da Jall Card no Grupo, passamos a cuidar da impressão e da confecção, mas era só isso. Estávamos concentrados em um único nicho.

» Nós não tínhamos uma estratégia de relacionamento com os nossos clientes: o nosso foco sempre foi a excelência no atendimento, mas a realidade é que nós nos adaptávamos, mas só até a página dois. Quem gostou, gostou. Quem não gostou, paciência. Meu pai se orgulhava de ter "demitido" alguns clientes com essa premissa. Era uma prestação de serviço direta, tínhamos pouca capacidade de adaptação. Inclusive, de compreensão do que isso significava. Isso era o mais grave.

» Não tínhamos estrutura nem tecnologia: éramos uma empresa quase analógica do ponto de vista dos clientes, tínhamos pouquíssima tecnologia aplicada aos nossos processos e, evidentemente, estávamos desperdiçando tempo e recursos. Nós até tínhamos um sistema TMS[19] para operação muito bom, que tinha

---

[19] O Transportation Management System (TMS) é um software para gerenciamento de transporte e logística nas empresas.

sido desenvolvido em meados de 2004, mas a interface para o cliente era arcaica, ou seja, muita coisa precisava ser renovada.

Os ganchos de direita no queixo vieram em sequência: crise, má gestão, novo concorrente (criado dentro de casa), baixa capilaridade de serviços, baixa adesão às novas tecnologias. Era para ser um nocaute. Mas, para nossa sorte, éramos boxeadores com alguma experiência. Estávamos nas cordas, mas não era a primeira vez.

Muitos altos e baixos aconteceram durante as duas primeiras décadas de empresa. Nenhum "baixo" como aquele, mas houve alguns, e isso cria uma "casca", ou seja, uma capacidade de resiliência e de reação. E eu já havia acompanhado essas situações nos outros empreendimentos dos meus pais, e por isso tinha verdadeiro pânico da falência!

É importante ressaltar que o pavor de fechar as portas tem origem em uma dificuldade real. De acordo com dados de outubro de 2021 do IBGE, apenas 37,6% das empresas nascidas em 2014 (207,5 mil do total de 551,3 mil empresas) conseguiram permanecer no mercado cinco anos depois. A mesma pesquisa, no entanto, aponta uma correlação entre a permanência no mercado e o porte das companhias. Entre aquelas com dez ou mais trabalhadores, exatamente onde nossas empresas se enquadram, a taxa de sobrevivência foi de 64,5%. Embora os números que nos competem sejam menos catastróficos, o fantasma da falência não pode ser considerado coisa de outro mundo.

Neste contexto, tínhamos crédito no mercado, portas abertas e boa reputação. Isso conta – e pesa! – muito. A empresa também tinha uma cultura muito forte de papo reto e simplicidade nas relações. Quem gosta de estar lá, gosta pra valer: arregaça as mangas e coloca a mão na massa. Isso faz toda a diferença na ponta do atendimento. Vamos falar muito sobre cultura mais adiante. A questão aqui é que o que nos trouxe de 1993 até 2014 não nos levaria às próximas fases, e isso estava cada vez mais claro. Tínhamos que ampliar nossa receita, nosso escopo de serviço e modernizar nossa operação. Basicamente, fomos encurralados. Tínhamos que inovar em todas as áreas. Porém, saber que é preciso tomar decisões é muito diferente de saber quais decisões tomar.

E, a despeito de qualquer racionalidade, somos uma empresa familiar. Soa muito bonito dizer que nossas decisões são sempre pragmáticas. No final das contas elas até são. Mas, para chegar a esse ponto, desentendimentos são absolutamente naturais. Às vezes éramos comedidos, mas alguns barracos que não deveriam acontecer, aconteceram. Nessas horas, minha mãe, que cuida das finanças, assume o papel de pacificadora. Algumas coisas viraram cultura, outras, folclore. E tem o Andrez, que é "cria" dos tempos do meu pai. Nós somos muito amigos. O Andrez tem uma capacidade genuína de transitar entre nós e muitas vezes arbitrar. É uma autoridade difícil de ser construída em uma empresa familiar, mas ele conseguiu.

Por fim, iniciamos 2015 conscientes de que deveríamos tomar decisões concretas. Caso contrário, nossa empresa iria à falência. Fizemos primeiro o básico, que é cortar todos os custos possíveis. **É incrível a redução que se alcança quando se coloca uma lupa efetiva nas planilhas.** Feito isso, olhamos pra frente. Como já foi dito, havíamos identificado os três principais pontos a desenvolver: precisávamos criar novas receitas e ampliar o nosso escopo; tínhamos que aprimorar nossa relação com os clientes já existentes; e, claro, precisávamos de mais tecnologia.

Para alcançar esses objetivos, evidentemente, precisaríamos das melhores pessoas. E esse era o ponto positivo naquele momento. Tínhamos pessoas excelentes e uma cultura forte, com um traço marcante determinante: nunca incentivamos desculpas. E isso, na minha opinião, é um dos maiores motivos do nosso sucesso e um dos pontos que sugiro fortemente que fique como lição: **não dê justificativas para seus clientes (internos ou externos), dê soluções, sem gastar tempo buscando culpados.** Veja se isso não acontece na sua organização. Aqui, nós nos policiamos o tempo todo para que nossos líderes não comecem a arrumar desculpas em vez de buscar soluções; a procurar culpados em vez de assumir a responsabilidade pela solução do problema. Isso não significa que não temos, no nosso grupo, pessoas que tentam exercer a cultura do negacionismo, mas elas logo são limadas pelo sistema. Esse perfil de pessoa geralmente diz frases como: "Tenho certeza de que meu concorrente só consegue esse preço porque está sonegando"; "Se eu tivesse os recursos dele também conseguiria"; "Fulano só foi promovido porque é amigo do chefe".

Nós trabalhamos muito sério no sentido de evitar ao máximo esse comportamento dentro das nossas empresas. Esse tipo de frase e de pensamento não somente afasta o profissional e a empresa das inovações e melhorias de processos como os coloca em uma "confortável cadeira de perdedor". **Na nossa cultura, o perdedor precisa estar sentado em espinhos e nunca deve focar-se nas desculpas que justifiquem o motivo de ele ter ficado em último lugar.** E isso ocorre desde sempre.

Acredito que essa característica foi uma das principais responsáveis por nossa mudança de atitude nessa época e pela atual capacidade que temos de nos adaptarmos aos novos tempos. Porque a concorrência sempre foi muito forte, mas nos dias de hoje ela é muitas vezes até injusta. Somos comparados não somente com nossos concorrentes diretos: trabalhamos com logística e constantemente a simetria de experiências é feita com a Amazon e com a AliExpress. Diversas vezes recebíamos críticas dos nossos clientes dizendo que estavam em Miami e haviam pedido algo na Amazon que tinha sido entregue em duas horas. Na minha cabeça isso não fazia o menor sentido. Mas essa é a realidade do mercado – hoje isso é até normal no Brasil, mas estamos falando de 2014, e esse tipo de entrega expressa estava começando a se tornar realidade nos grandes centros de consumo dos EUA.

Nesse caso, a frase "Se eu tivesse os recursos deles também conseguiria" poderia se encaixar perfeitamente. Mas de que adiantaria? Resolveria nosso problema? Nossa cultura e nossa realidade de mercado não nos permitiam – e não permitem – dar essa resposta aos nossos clientes. O nosso posicionamento sempre foi mais no sentido de: "estamos adaptando nossa operação para funcionar neste modelo, estamos abrindo X novos centros de distribuição, ampliando a frota de entregas no mesmo dia".

Viabilizar essa operação realmente demanda investimento, mas o primeiro passo é sair da defensiva. E foi com essa cabeça que demos sequência ao nosso processo de reposicionamento. Claro que, em 2014, não começamos a fazer entregas em quatro horas, mas o nosso prazo médio, que era de sete dias, começou a cair...

Eduardo Cosomano

"Fiz a minha entrevista no dia 3 de fevereiro de 1997 lá na rua Sempre-Vivas. Eu precisava do trabalho para pagar a faculdade, não tinha sido aprovada na USP nem na Unesp. Estava bem ansiosa e nervosa, então o seu Juliani olhou para mim e disse que não tinha tempo, para eu pegar minhas coisas e começar. Ele sempre foi assim, direto. Mas estou aqui até hoje".[20]

Com mais de 25 anos de casa, Priscila viu a empresa crescer praticamente do zero, saltando dos dez colaboradores dos tempos da sede da Sempre-Vivas para os atuais 6 mil. Nesse período, galgou posições dentro da companhia, atravessou todo o processo de sucessão e atualmente ocupa o cargo de Superintendente do Administrativo e Financeiro, uma função de extrema confiança. De fala calma e tranquila, Priscila entende que trabalhar em uma empresa familiar é sempre um desafio. "O Guilherme atira e pede para a gente ir buscar a bala. Você pode até duvidar no primeiro momento, mas muitas vezes funciona, e os resultados estão aí. O Juliani é mais conservador na gestão, mais pé no chão. Eles se complementam, mas são completamente diferentes", conta.

Juliani avalia que essas diferenças são naturais. "Duas características foram determinantes para que eu enxergasse no Guilherme um sucessor para os trabalhos da Flash, que viria a se expandir para o Grupo MOVE3: disciplina e paixão por tecnologia. Agora, é preciso compreender que há um descolamento geracional: eu tenho 69 anos, ele 42. Eu criei a empresa do zero, ele tinha uma estrutura de partida. Eu

---

20 Entrevista realizada em 7 dez. 2021.

não tenho ensino superior, o Guilherme tem uma bagagem acadêmica esplêndida, é um cara que fez Harvard, Oxford, Insead, Singularity etc. Ele tem uma visão exponencial das coisas. Eu sou mais conservador, gosto de estar de olho em tudo, nos detalhes. Se tiver que diminuir a velocidade, sem problemas. São estilos diferentes, mas que se complementam", explica Antonio Juliani.

LIÇÕES DO CAPÍTULO 2

- » **Nunca subestime o mercado e não superestime seu negócio**: até mesmo os melhores empreendimentos e empreendedores, em algum momento, se tornam obsoletos.
- » **Estimule seu time a ter foco na solução, jamais nas desculpas**; o perdedor precisa estar sentado em espinhos e nunca focar as desculpas que justifiquem o motivo de ter ficado em último lugar.
- » **Crédito no mercado, portas abertas e boa reputação podem salvar uma empresa em momentos de crise.**
- » **Em uma crise, faça primeiro o básico, que é cortar todos os custos possíveis.** É incrível a redução que se alcança quando se coloca uma lupa efetiva nas planilhas.
- » **O medo é um sentimento paradoxal**: pode ser um poderoso aliado, caso você o use para criar vacinas para os seus problemas; ou um poderoso inimigo, se você deixar que ele o torne paranoico ou permitir que ele guie suas decisões ou o paralise.

Saber que é preciso tomar decisões é muito diferente de saber quais decisões tomar.

Capítulo 3
Uma nova postura gera novos negócios

➔ Eduardo Cosomano

Do que os clientes precisam quando vão ao Walt Disney World? Férias. Do que precisam quando vão a uma concessionária da BMW? Um carro. As necessidades tendem a ser óbvias, e normalmente correspondem aos produtos e serviços que você oferece, mas só proporcionam uma visão aproximada de perfil psicográfico. Os desejos são menos evidentes. Eles sugerem os propósitos mais profundos de um cliente. Muitos dos frequentadores do Walt Disney World querem mais do que simples férias; eles também querem memórias duradouras de uma experiência familiar repleta de diversão. O cliente da BMW pode querer o status proporcionado por um carro de alto desempenho. À medida que você começa a descobrir os desejos, os contornos do perfil do consumidor começam a ganhar forma.[21]

➔ Guilherme Juliani

Nesse momento, nós já éramos capazes de visualizar uma série de negócios com muito potencial. Conseguimos ainda mapear diversos riscos para os segmentos e já existiam vários projetos de melhoria de processos e sistemas que poderiam ser implantados. Mas, avaliando o cenário, era quase impossível conseguir encarar tudo ao mesmo tempo. Nessa época, não tínhamos um time tão consistente como temos hoje.

---

[21] DISNEY INSTITUTE. **O jeito Disney de encantar os clientes**. São Paulo: Benvirá, 2017. p. 37.

Se você já cortou todos os custos e precisa urgentemente achar novas receitas, uma coisa é certa: você não vai encontrar isso procurando dentro de casa. É preciso ir buscar clientes o tempo todo e entender as necessidades, os anseios e as reclamações deles para poder agir rápido e de modo certeiro a fim de reverter o quadro. Decidimos que o caminho mais efetivo seria investir na nossa base de clientes.

De maneira prática, eu e o Andrez começamos a ir até os clientes para conversar pessoalmente, cara a cara, olho no olho. Só que tivemos que aprender a ouvir, o que não é nada fácil. Muitas pessoas começaram a fazer críticas severas ao nosso trabalho e, sendo sincero, em alguns casos fomos reativos em vez de absorver o que estava sendo dito. E isso tinha uma razão cultural.

Desde a época do meu pai, o mais importante para a Flash Courier sempre foi a qualidade de atendimento ao cliente. Por isso, fazíamos o que *achávamos* que era o melhor a se fazer, indo ao limite para entregar qualidade no atendimento. Se o cliente não ficasse satisfeito, paciência, tínhamos feito o nosso melhor dentro das nossas possibilidades. Como expliquei anteriormente, meu pai se orgulhava de certas vezes ter "demitido" clientes que não estavam satisfeitos. Mas essa não poderia ser mais a nossa política, tínhamos que mudar a cultura da empresa. Nesse momento, a nossa decisão estratégica de ouvir os clientes começou a ter um impacto real no jeito como fazíamos as coisas.

Meu irmão, Bruno, uma vez me disse uma frase que pode até soar como uma heresia para alguns. Segundo ele, há uma frase na Bíblia que precisa ser atualizada. Para Bruno, o famoso ensinamento bíblico: "trate o próximo como você gostaria de ser tratado" deveria ser trocada para "trate o próximo como ele gostaria de ser tratado". É preciso perguntar para o outro o que ele espera, o que *ele* quer. Por melhor que sejam suas intenções, é importante primeiro ouvir. Já começávamos a pensar assim naquela época e hoje isso está ainda mais presente no grupo.

Outra frase marcante, que nunca esqueci e que me veio à mente naquele momento, foi dita por uma chefe que tive na IBM, lá nos longínquos anos 2000. Todas as vezes que a gente falava que não era sempre que o cliente tinha razão, contrariando o ditado popular, ela respondia "a exceção confirma a regra".

Embora essa frase soe muito confusa em um primeiro momento, meu entendimento é que ela quer dizer o seguinte: o cliente tem sempre razão, portanto, essa é a regra. Pode acontecer uma exceção, que é quando o cliente está errado. Então, esse caso é uma exceção. E se existe a exceção, é porque existe uma regra. Portanto, a exceção confirma a regra. Se ainda ficou confuso, explico melhor.

Toda vez que vou conversar com um cliente, penso: *ele tem razão*. A não ser que ele esteja completamente equivocado, tento genuinamente entender o porquê de sua insatisfação. Mesmo aquele cara mais difícil. Não se trata de concordar sem reflexão com tudo que ele fala, muito pelo contrário. Parto da premissa de que ele provavelmente está certo na sua dor, mesmo quando pede descontos exagerados, dá bronca ou faz solicitações que parecem impossíveis. Pensar assim permite que eu o escute sem ruídos. Ou, pelo menos, com menos ruídos.

Aos poucos, nós mudamos esse jeito de pensar da empresa e, consequentemente, passamos a agir diferente. Passamos a ouvir os clientes de peito aberto, com a verdadeira intenção de entendê-los para encantá-los, e não mais para oferecer atendimento de qualidade dentro do que definíamos como qualidade. Pode até parecer conversa fiada, mas não é. Entrar em uma reunião com o real propósito de entender muda tudo. Não é à toa que o slogan da JSL Logística, a maior transportadora do Brasil, é "Entender para atender". Muitas vezes, tem um canal ali do outro lado realmente interessado em lhe dar um toque, uma dica. Se você vai na defensiva, não apenas não "pesca" essa ajuda como fecha uma porta. E aí, o que era para ser expansão de receita vira uma diminuição. Essa mudança é muito difícil de perpetuar, mas me orgulho em dizer que nós verdadeiramente conseguimos.

Eduardo Cosomano

Durante as entrevistas realizadas para a construção deste livro, duas histórias exemplificam bem a mudança de atitude da Flash Courier e das outras empresas. A primeira delas aconteceu em 2015, com um grande banco cliente da MOVE3. "Eu e o Juliani chegamos no Guilherme e falamos que estávamos indo lá 'demitir' um dos maiores clientes da empresa. A gente estava p. da vida, as cobranças dos caras não faziam sentido nenhum. Eram questões que se arrastavam havia meses, eu realmente estava incomodado com aquilo, e o Juliani concordava comigo. O Guilherme nos pediu calma e propôs ir no nosso lugar. Para nossa surpresa, ele voltou com um novo negócio do cliente que queríamos demitir. Uma receita que seria zerada foi expandida", conta Andrez, diretor de operações das empresas do Grupo MOVE3.

"Depois disso, o inverso também já aconteceu. Aprendemos a nos revezar, a entender quem tem os melhores canais, a melhor conexão. Mas a empresa se apresenta sempre de peito aberto para compreender o cliente", completa. **Existe uma real diferença entre você só ouvir o seu cliente e você realmente escutar e prestar atenção nas reclamações dele.** As pessoas gastam muito tempo justificando os erros quando deveriam gastar mais tempo consertando os erros. Essa simples e óbvia mudança de paradigma fez toda a diferença no nosso grupo.

A segunda história será contada mais à frente.

Guilherme Juliani

Diante de um momento difícil, em que as soluções antigas já não funcionam, pode parecer inteligente incrementar ou incluir recursos para melhorar ou resolver um problema, criar novos processos, novas regras, aumentar o time, fazer pesquisa ou, até mesmo, contratar consultorias. Realmente, todas essas alternativas e ferramentas são necessárias em algum momento. Mas, se não forem precedidas por uma mudança de atitude real, tais medidas podem ser precipitadas ou simplesmente não gerar resultado algum. Antes, é preciso fazer o básico. Primeiro as primeiras coisas, como sempre digo.

Sempre penso que, em uma situação de crise, menos é mais. Menos pessoas entre você e o seu cliente, menos tempo entre a necessidade e a tomada de decisão, menos tempo entre o erro e a solução. Apesar de esse conselho parecer óbvio, dizer que seu foco é o cliente não é a mesma coisa que seu foco ser, de fato, o cliente. Não é uma mensagem de LinkedIn, é uma ação prática, e a forma mais simples de você efetivamente ter foco no cliente é estando em contato com ele, quer ele seja uma pessoa física (indústrias e varejo), quer seja uma empresa (B2B). E esse processo deve começar com as lideranças.

Desse modo, começamos a vender novos serviços para clientes que já tínhamos e, principalmente, a conquistar novos espaços. Isso não aconteceu da noite para o dia, mas em um intervalo de seis meses o quadro começou a ser revertido, as principais contas da empresa pararam de cair e finalmente começaram a subir. Novos clientes entraram em negociação. Nossa transformação começou a gerar frutos. Mas lembre-se: para fazer mudanças reais, é preciso muita resiliência. Nos primeiros meses, essas mudanças trarão pouco ou nenhum resultado e, claro, você será alvo de diversas críticas. Quando os resultados começarem a aparecer timidamente, muitos dirão que foi sorte ou que o mercado virou e que, agora, as coisas precisam voltar a ser como eram antes. Novamente, será preciso persistência e resiliência para que você possa continuar na nova direção.

ESTRUTURANDO A RETOMADA

Guilherme Juliani

Nós já estávamos no meio de 2015, nosso time gerencial não passava de seis pessoas, nosso faturamento (considerando Flash, Jall Card e iLog) ainda estava comprometido e tínhamos menos de vinte clientes ativos. Estávamos superando a crise e nos reinventamos ao ponto de a receita começar a subir mês a mês, mas os recursos ainda eram muito limitados. Cada gestor fazia papel de cinco – encarando diversos desafios e trabalhando insanamente.

Ouvindo o cliente e participando pessoalmente do processo de escuta e reconexão com toda a nossa base, conseguimos gerar novos negócios, além de enxergar claramente o que precisava ser corrigido e, assim, agir de maneira mais assertiva. E tudo isso começou a trazer resultados.

Primeiramente, percebemos como o nosso processo comercial era moroso e penoso para o cliente. Na teoria, esse departamento estava dividido entre a função de vendas e a de manutenção da carteira, englobando ainda o suporte da área de pós-vendas, que gerava todo tipo de relatório para os clientes e fazia o atendimento diário. Na prática do dia a dia, essa aparente organização era um caos para clientes e funcionários. Isso porque a equipe de vendas era inundada diariamente de problemas relacionados ao pós-venda e realmente só prospectava quando sobrava tempo. Como nunca sobrava, nunca prospectava. Simples assim. E o coitado do cliente ficava sempre no meio do fogo cruzado dos três setores responsáveis pelo atendimento dele. O que acontecia de verdade era que o comercial, o atendimento e o pós-vendas gastavam mais tempo criando justificativas para os problemas do que tendo foco na solução.

O famoso ditado popular "cachorro com dois donos morre de fome" era evidente, até porque, no nosso caso, eram três. E quando chegava a hora de efetivamente criar uma solução definitiva, era nítido que cada gestor estava ali defendendo o seu território e literalmente deixando o cliente de lado.

Ainda nos dias de hoje, vemos isso com frequência em algumas empresas quando ligamos para fazer uma reclamação e a solução não vem. Quando, por exemplo, pedimos um orçamento para consertar uma geladeira e o serviço demora quase um mês devido à "falta de peças". Isso normalmente ocorre, porque o departamento que cuida do estoque, em vez de estar focado no cliente, foca-se na pura redução de custos, sem perceber que isso reduz as vendas e cria atrito com os clientes. **Veja na sua empresa ou**

no seu departamento quais metas estão realmente ligadas ao cliente e quantas (como no exemplo anterior) criam problemas para ele.

Olhar para o passado e perceber um erro evidente é tão fácil quanto julgar a falha dos outros, mas quando você está no meio de tudo isso, em um cenário de recessão, é muito complicado conseguir enxergar o que parece óbvio. No processo de reestruturação, fizemos o simples: separamos os times de venda e pós-venda e acabamos com o time de atendimento. O comercial ficou fazendo aquilo em que eles são melhores e exatamente a função para a qual se contrata um time dessa área: vendas. Já o pós-vendas assumiu as tarefas do atendimento dos clientes que já faziam parte da nossa carteira. Na prática, o comercial ficou com os clientes novos e a missão de aumentar a carteira mês após mês, e o pós-vendas com a responsabilidade de manutenção da carteira de clientes já existentes.

A estratégia era simples: não perder mais nenhum cliente e nenhuma receita estabilizaria a empresa; e, com o comercial voltando a trazer novos negócios, teríamos o responsável crescimento mês a mês.

Para isso, começamos um intenso treinamento do que hoje é o coração da nossa empresa: o pós-vendas! Um gigantesco time de relacionamento criado para fazer simplesmente tudo que o cliente quer e precisa de uma transportadora, como se fosse um concierge.

O Brasil tem mais de 8,5 milhões de quilômetros quadrados de extensão territorial, é o quinto maior país do planeta, ficando atrás apenas da Rússia, do Canadá, da China e dos Estados Unidos, respectivamente.[22] Considerando isso, qual é a possibilidade de uma empresa de logística que atua em escala nacional, em uma operação que envolve mais de 6 mil pessoas, direta ou indiretamente, não cometer algum erro de entrega? É impossível. O que não pode existir, de maneira alguma, é um problema recorrente.

Se tentarmos controlar todos os processos, vamos fracassar com certeza. Por isso, invertemos essa pirâmide e estruturamos a empresa inteira para que os líderes tivessem autonomia total. Na ponta do atendimento,

---

22 FRANCISCO, W. Área do Brasil. **Mundo Educação**. Disponível em: https://mundoeducacao.uol.com.br/geografia/area-brasil.htm. Acesso em: 11 jul. 2022.

cada cliente tem seu gerente de conta, que tem autonomia e atua quase como um funcionário desse cliente dentro da nossa empresa. A ideia é servi-lo e encantá-lo. E, para isso, o espírito de liderança é fundamental. As pessoas não podem ter medo de tomar decisões.

Eduardo Cosomano

"De todas as definições, descrições e caracterizações de líderes, há apenas duas que realmente importam: eficaz e ineficaz."[23] Esse trecho do livro *Responsabilidade extrema* propõe uma resolução bastante pragmática acerca de um tema que rende milhares de debates mundo corporativo afora. De autoria de Jocko Willink e Leif Babin – dois oficiais que lideraram a Seal, unidade de operações especiais mais condecorada da Guerra do Iraque –, o livro conta como os ensinamentos que ambos aprenderam no campo de batalha podem e são úteis no dia a dia dos negócios.

Talvez uma das lições mais relevantes do livro é que tudo que afeta você é responsabilidade sua. Basicamente, se você jogar a culpa em alguém – mesmo que a culpa seja, de fato, desse alguém, ainda que não propositalmente –, isso não aproximará você da solução e haverá um efeito cascata desse tipo de comportamento em sua empresa: os colaboradores vão sempre buscar culpados. Por outro lado, quando se assume a responsabilidade e se busca por solução independentemente de quem seja o culpado, é esse movimento que será replicado. Não precisa pensar muito para saber que a segunda opção torna a empresa muito mais forte e competitiva.

A ideia é que o líder é líder até mesmo para cima da cadeia de comando. Se você está sendo muito indagado ou não está recebendo recursos e aprovações suficientes do seu chefe ou superior, é porque não está fornecendo as informações corretas ou relevantes no formato correto. Trata-se de uma organização interna em que o mais alto grau de hierarquia é ocupado pela evidência e pelo alto grau de responsabilidade.

---

[23] WILLINK, J.; BABIN, L. **Responsabilidade extrema**: como os Navy Seals lideram e vencem. Rio de Janeiro: Alta Books, 2021.

Guilherme Juliani

Antigamente, quando perdíamos um cliente, batia aquele desespero e logo me vinha na cabeça o título do livro de Andy Grove, criador da Intel, *Somente os paranoicos sobrevivem*.[24] Bem, a nossa "paranoia" consistiu em usar crises para melhorar nossa performance. Normalmente, reestruturações são feitas após diversas reuniões internas supersecretas e tendem a ser completamente voltadas para dentro da empresa. As nossas são completamente focadas em reforçar o relacionamento e o desempenho com nossos clientes.

Além disso, em vez de serem desenhadas somente pelos gerentes e diretores da empresa e depois enfiadas goela abaixo da companhia, nossas reestruturações contam com a participação dos analistas, já que são eles quem mais têm informações sobre o humor e os riscos dos clientes.

No fim, a descentralização da tomada de decisões é uma estratégia importante quando o assunto é performance para o cliente.

Eduardo Cosomano

A segunda história que exemplifica bem a mudança de cultura do Grupo MOVE3 aconteceu em 2020, e deixa claro por que o pós-venda se tornou o coração da empresa. Dessa vez, o caso envolvia um consumidor final: uma consumidora procurou o serviço de atendimento ao consumidor, o famoso SAC, desesperada.

"A moça era de Porto Alegre e tinha um casamento no dia seguinte. Ela havia comprado um sapato de uma marca conhecida, que é cliente nossa, mas, por alguma razão, o sapato dela não havia chegado do centro de distribuição do cliente, que era em outro estado: ou seja, não daria tempo de chegar no dia seguinte em Porto Alegre", relembra Juliana, gerente do pós-vendas. "Decidimos comprar o sapato, uma passagem para Porto Alegre para aquela tarde e colocamos um de nossos colaboradores em um avião de São Paulo para entregar a encomenda no

---

24 GROOVE, A. S. **Só os paranoicos sobrevivem**. Lisboa: Gradiva, 2000.

mesmo dia, em mãos. É óbvio que a consumidora ficou absolutamente encantada, assim como nosso cliente."[25]

Esse episódio deu corpo a um novo produto de entrega para esses casos de extrema urgência. "Em geral, é assim que acontece. Se aparece um problema cuja solução não está em nosso escopo, criamos uma alternativa que pode vir a se tornar um serviço a ser usado em outra ocasião. A ideia é sempre proteger a reputação do nosso cliente e manter o consumidor final satisfeito. A premissa é a mesma: encantar o cliente."

Guilherme Juliani

Para estabelecer uma cultura nesse perfil, é óbvio que a empresa precisa estar muito bem estruturada. Sendo assim, no meio de 2015 e em um curto espaço de tempo, promovemos duas mudanças profundas no comando da companhia: eu, Guilherme, me tornei CEO da Flash Courier e da iLog, e meu pai passou a atuar como conselheiro focado exclusivamente na Jall Card. Além disso, o Andrez tornou-se o diretor de operações das duas companhias. Vale lembrar que na época só existiam essas unidades e ainda não havíamos criado a holding.

Como o Andrez começou como analista aqui na Flash há mais de vinte anos, ele conhecia a operação no detalhe: sabia todos os problemas do chão de fábrica e também tinha (e tem) uma forte capacidade estratégica. Ele é respeitado por essa habilidade de transitar com autoridade, seja na ponta da esteira, seja na sala de reuniões. É um cara que cresceu na empresa, tem trânsito fácil com todo mundo e conhece cada detalhe da operação. Dessa forma, a ideia era que tudo que a gente conversasse com os clientes fosse quase que instantaneamente implementado pelo Andrez e sua equipe.

Ter esse tipo de suporte é algo crucial para qualquer gestor. É simples falar "você precisa delegar", mas nem sempre é viável. Não se trata só do perfil de quem deve delegar, que pode ser uma pessoa centralizadora. Isso é uma questão. A outra é encontrar uma pessoa que tenha a

---

[25] Entrevista realizada em 17 dez. 2021.

capacidade de lidar com a missão a ser delegada. Isso envolve capacidade técnica e confiança em todas as esferas.

De lá para cá, Andrez e eu começamos uma parceria que dura até hoje. Nós praticamente dividimos a administração da empresa como um todo, o que significa dizer que o nosso organograma é quase inexistente. Ele interfere nos "meus departamentos" o tempo todo e vice-versa. Isso só é possível porque essa parceria é pautada na confiança de que o outro está fazendo sempre o seu melhor e tentando entregar justamente aquilo de que a empresa precisa: resultados. Claro que nem sempre concordamos em tudo, mas até mesmo essas raras discordâncias são essenciais para que continuemos criando a nossa cultura.

Eduardo Cosomano

Primeiro, você deve encontrar uma jarra grande com a abertura pequena, com diâmetro suficiente para que o macaco consiga colocar a mão lá dentro. Depois, encha metade da jarra com pedras, de modo que seja pesada demais para que o macaco a carregue. Então, espalhe alguns agradinhos, atraentes para o macaco, perto da jarra, para atraí-lo, e coloque mais dentro da jarra. O macaco virá, colocará a mão na jarra pela abertura estreita e vai agarrar tudo o que puder. Mas agora ele não vai conseguir tirar a mão fechada, cheia de guloseimas, pela abertura estreita demais da jarra. Conseguirá apenas se abrir a mão. Apenas se desistir do que já tem. E é exatamente isso o que ele não vai fazer. O caçador de macacos pode simplesmente caminhar até a jarra e capturá-lo. O animal não sacrificará a parte para preservar o todo.[26]

Nesse trecho do livro *12 regras para a vida*, o psicólogo clínico e acadêmico canadense Jordan Peterson faz uma provocação interessante acerca da dificuldade de desistir de algo prazeroso ou instintivo, mas momentâneo, para se obter algo mais concreto e próspero, mas abrindo mão do que já

---

[26] PETERSON, J. **12 regras para a vida**: um antídoto para o caos. Rio de Janeiro: Alta Books, 2018.

se tem para (talvez) obter esses benefícios no futuro. Dadas as devidas proporções, a analogia faz sentido quando aplicada aos dilemas com os quais podemos nos confrontar, tanto na vida pessoal como na vida profissional.

"Eu trabalho desde os 14 anos. Com 16, comecei como vendedor no Shopping Eldorado. Era uma loja de modelismo, helicópteros, carros, essas coisas. Cheguei a virar gerente de várias lojas, ganhava uma boa grana. Mas eu sabia que era aquilo, eu não via um futuro ali. Foi aí que eu abri mão do dinheiro e fui estudar TI e buscar um estágio, eu queria uma carreira", relembra Andrez. "Comecei na Flash em 2001, e pouco a pouco fui crescendo, tive muitas oportunidades. Mesmo assim, em 2004 cheguei a receber uma proposta, mas acabei me acertando. Foi só em 2009 que eu tive que me confrontar com uma decisão mais séria", conta.

Segundo Velasco Andrez, com 8 anos de empresa e em forte ascensão, o Juliani o tirou do comando da área de TI. "Foram vários os motivos. Primeiro, cometi um erro técnico relevante e sabia disso. Eu não deleguei, eu 'delarguei' as tarefas. Segundo, pouco tempo antes, havia passado do ponto nas palavras durante uma reunião com ele na frente de muita gente. Nessas situações, ele não é muito de falar, ele só olha. Eu vi que estava errado", conta. "Eu aprendi que, se você quer ter respeito, tem que se posicionar e falar não. O Juliani é uma pessoa dura e exigente, então basicamente você tem duas opções, abaixar a cabeça ou se preparar. Eu me preparei. Mas perdi a mão ali, na parte técnica e na relação. Então, ele me tirou da TI e aquilo me doeu muito. Colocaram outra pessoa no lugar e, mesmo ressentido e amargurado, eu apoiei", relembra. "Mas, logo depois, comecei a ver o copo meio cheio. Comecei a refletir se eu era bom só na área técnica ou se podia tentar fazer outras coisas. Então, diria que foi a partir dali que comecei a me reinventar como profissional. Só que tive que engolir um sapo. E isso é parte da vida", finaliza.

Guilherme Juliani

Agora, você deve se lembrar de que iniciamos este capítulo falando que definimos três pontos como prioridade: criar novas receitas e ampliar o escopo; aprimorar a nossa relação com os clientes já existentes; e aumentar a estrutura e tecnologia.

Nós abordamos profundamente os dois primeiros pontos. Ouvíamos as críticas dos nossos clientes, nos prontificamos a melhorar o atendimento, e isso gerou novas oportunidades de negócio. Logo, precisávamos nos estruturar para dar conta dessa nova demanda que poderia surgir a qualquer momento. Portanto, fazia sentido começar a investir em tecnologia e infraestrutura. Porém, mesmo mais organizados, o momento era complexo.

"A melhor maneira de persuadir as pessoas é com os ouvidos." A frase, atribuída ao ex-Secretário de Estado dos Estados Unidos, Dean Rusk, que atuou nos governos John F. Kennedy e Lyndon B. Johnson, foi eternizada e sintetiza com exatidão o nosso novo momento.

Como eu já disse, o país vivia uma crise política e econômica – e deve estar vivendo outra agora, independentemente do ano em que você esteja lendo este livro –, mas o nosso ambiente interno era o maior problema. Ainda que o Brasil vivesse o melhor de seus momentos, tínhamos questões nossas para resolver. Felizmente, conseguimos.

Quando passamos a ouvir os clientes de uma maneira mais aberta, começamos a enxergar alguns problemas em nossos processos e, posteriormente, conseguimos transformar esses problemas em serviços para aqueles mesmos clientes. Um cliente percebe um atraso, uma encomenda que não chega, um prejuízo, um ruído. Se ele se sente escutado e atendido, vai lhe dar dicas sobre o que fazer.

Outra dica que funcionou para nós: elevar o nível da competição para se diferenciar. Me lembro que, certa vez, um dos nossos maiores clientes passou praticamente todo nosso volume para um concorrente por causa do preço. Entendemos que foi um vacilo nosso, faltou sensibilidade da nossa parte em ouvi-lo. Então, em vez de reduzir as equipes de atendimento dele, fizemos o oposto: investimos e formamos um time de sonhos para esse cliente. Aumentamos a equipe de suporte e acrescentamos analistas de Power Bi exclusivos para gerar todos os relatórios possíveis e começamos a fazer reuniões semanais com eles. Dessa forma, nós elevamos o nível da competição e melhoramos o relacionamento.

Para melhor ilustrar, imagine uma prova de salto em altura. Nossa empresa e a concorrente eram capazes de saltar 2,20 metros, mas eles cobravam mais barato para realizar o salto. Nós, em contrapartida, colocamos a barra em 2,40 metros. E eles não conseguiram saltar. Falando especificamente dessa operação, um volume de 50 mil entregas demanda um controle gigantesco, pois são muitos pacotes em centenas de situações diferentes: dentro do avião a caminho do Nordeste, esperando descarga do caminhão no Rio de Janeiro, dentro dos quase 4 mil veículos de entrega no Brasil inteiro etc.

Após três meses de intenso contato, desenvolvemos uma conexão tão grande com esse cliente que começamos quase a prever as necessidades dele. Isso, obviamente, o levou a fazer comparações. Nós não apenas recuperamos o cliente, como aumentamos exponencialmente essa conta. Para se ter uma ideia, esse cliente hoje faz aproximadamente 1,5 milhão de entregas por mês com a gente!

 Eduardo Cosomano

O que diferenciou de maneira consistente os vencedores dos perdedores na criação de oceanos azuis foi a maneira de encarar a estratégia. As empresas que se perderam no oceano vermelho adotaram uma abordagem convencional, empenhando-se para vencer a concorrência por meio da construção de posições defensáveis no âmbito da ordem setorial vigente. Surpreendentemente, as empresas criadoras de oceanos azuis não recorreram aos concorrentes como paradigmas. Em vez disso, adotaram uma lógica estratégica diferente, que denominamos inovação de valor. Nós a chamamos assim porque, em vez de se esforçarem para superar os concorrentes, concentraram o foco em tornar a concorrência irrelevante, oferecendo saltos no valor para os compradores e para as próprias empresas, que assim desbravaram novos espaços de mercado inexplorados.[27]

---

[27] KIM, W. C.; MAUBORGNE, R. **A estratégia do oceano azul**. Rio de Janeiro: Campus, 2005.

Guilherme Juliani

Nessa época, a Flash já movimentava dezenas de milhares de encomendas por dia. Gostaria de convidar você, leitor ou leitora, a refletir acerca das milhões de possibilidades de processos que envolvem a logística de uma operadora como a nossa. Pense desde a chegada ao estoque, os direcionamentos internos, a quantidade de pessoas envolvidas, de maquinários, de etiquetas. Um galpão logístico é como uma orquestra.

Só que a empresa já contava com duas décadas de existência e, naturalmente, o time tinha um determinado *modus operandi*, de maneira que a banda seguia tocando independentemente do contexto. O problema é que, quando se chega a esse tempo de existência, pode-se ter a equivocada percepção de que determinada atitude não é um erro, é apenas a "cultura da empresa" e que isso não pode ser revisitado.

Entendo que problemas, crises e porradas precisam ser vistos como oportunidades não somente de mercado, mas de melhoria e, por consequência, de tornar o seu negócio ainda mais concreto e estabelecido. Se você conseguir melhorar muito os processos do seu departamento ou os produtos da sua empresa, certamente vencerá alguns concorrentes, que ficarão pelo caminho se lamentando dos resultados e culpando a crise por seu fracasso.

Mas cuidado: filmes, novelas e livros não conseguem nem chegar perto de capturar a pressão, as incertezas e o caos que esses ambientes de crises profundas trazem para os gestores e as empresas. Quando a crise passa e você consegue sobreviver, muitos podem pensar que você não fez mais do que sua obrigação como líder. Mas quem a vivenciou na pele consegue enxergar as diversas noites em claro e centenas de planejamentos que precisou realizar para conseguir fazer com que sua organização saísse do outro lado da crise minimamente viva e operando.

Para trazer um exemplo concreto, em 2015 nossos clientes reclamavam muito da nossa última milha, ou seja, dos nossos prazos e formatos de entrega para o consumidor final. Nós demorávamos mais do que deveríamos... E, mais do que a concorrência, um problema ainda mais grave. Clientes leais a nós nos avisaram. Outros puxaram o carro e buscaram novos parceiros. Havia ainda os novos negócios, as possibilidades que se abriram e que, ao avaliar a nossa operação, era claro que não havia a menor condição de atender.

Em resumo, nossa correção de postura gerou dois novos problemas: corrigir as ineficiências existentes na nossa operação e gerar uma nova estrutura para abraçar as novas possibilidades. A primeira ia requerer um trabalho de gestão de pessoas e um aprimoramento de processos. Era uma tarefa desafiadora, trabalhosa, mas possível de resolver dentro de casa. E nós resolvemos. A segunda não tinha jeito: precisávamos de um dinheiro que a gente não tinha para bancar uma nova estrutura.

No início do livro, comento que o grupo teve o próprio 7×1 e que, nessa goleada, estavam as dívidas, você se lembra? No fim, encerramos 2015 no vermelho, e a razão dessa dívida é que fizemos um empréstimo no banco para bancar nosso movimento de expansão. Entendemos que, para sobrevivermos ao caos político e econômico, precisaríamos correr riscos para ampliar nossa operação e que, ao fazer isso, acessaríamos um mar de vantagens.

A verdade é que muitas vezes críticas dos clientes escondem excelentes oportunidades de negócios. Uma vez que havíamos ajustado o que poderia ser ajustado e o time havia comprado a nossa nova diretriz de encantamento do cliente, entendemos que sair da crise exigia movimentos ativos e ousadia. As oportunidades se abriram, mas precisávamos abraçá-las e, claro, isso envolvia nos arriscarmos. Evidentemente, precisávamos ser absolutamente precisos nos nossos cálculos para assumir esses riscos, já que erros de cálculo e de direcionamento de capital, nesse momento, seriam fatais. E assim fizemos.

Nós já tínhamos uma dívida de 12 milhões de reais junto a bancos, que havia sido contraída com o objetivo de ampliar espaço e tecnologia, focando-se na Flash Courier e em uma nova unidade de negócio que atendesse às novas demandas. A Jall Card continuava com o fluxo de caixa negativo e já havia consumido o restante das nossas linhas de crédito. Nesse momento, decidimos não usar nenhum centavo do dinheiro desse empréstimo na empresa.

Pois bem, em meio a um intenso processo de pesquisa, encontramos um excelente galpão na Rua Martini, em São Bernardo do Campo. O aluguel era alto, mas assim como todos os nossos investimentos transformacionais, esse foi meticulosamente calculado. O valor a ser gasto na adequação da área era significativo, mas a diferença dos impostos entre São Paulo e São Bernardo cobriria boa parte dessa nova despesa. Fechamos o contrato.

Nesse momento, contávamos com duas unidades: uma em São Paulo, com 3 mil metros quadrados, e a segunda em São Bernardo, com 3.500 metros quadrados. Investimos em obras de construção e adequação e levamos para esse novo campus toda a operação, incluindo a nossa esteira automática de classificação de envelopes (que era o nosso maior orgulho na época), e então começamos a negociação de uma segunda esteira com o dobro da capacidade.

O final de 2015 realmente foi um divisor de águas para a nossa história. Já estávamos instalados na nova unidade, ambientados e com novas possibilidades. Tudo muito incipiente, é verdade, mas havia sido um ano de aprendizados e de reestruturação. Por outro lado, estávamos mais enforcados do que nunca: fechamos o ano com 12 milhões de reais em dívidas de empréstimo, algo totalmente novo. Historicamente, nós nunca havíamos contraído dívidas altas e pagávamos quase 100% das compras à vista.

O medo das crises e dos altos e baixos do nosso Brasil sempre norteou uma administração muito conservadora por parte do meu pai no que diz respeito às finanças. Ele sempre foi visionário quando se trata de enxergar tendências, mas sua gestão era cautelosa: se tinha dinheiro, fazia; não tinha, não fazia. Nós nunca havíamos nos comprometido com aluguéis caros, e a nossa sede nova tinha ficado pronta em meados de 2011. A ideia era ter uma empresa mais enxuta e controlada, que cresceria no próprio ritmo. Se considerarmos que meu pai fundou a Flash Courier em meio ao período de hiperinflação, é mais do que compreensível o desconforto dele quanto a uma política financeira mais agressiva.

No entanto, eu e o Andrez pensávamos diferente, entendíamos que o momento era outro e já conseguíamos ver que o espaço físico estava ficando bagunçado e meio improvisado, cheio de cantinhos e departamentos separados. Estava claro para nós que era hora de começar a procurar uma casa nova, de expandir os negócios, de ir para cima. Claro que entramos em conflito com meu pai, uma vez que ele era radicalmente contra a mudança da sede de São Paulo, a qual ele havia construído, para um imóvel muito maior e alugado em São Bernardo do Campo. Mas essa não seria a primeira nem a última vez que esses desentendimentos aconteceriam.

Os conceitos de investimento e custo são absolutamente distintos um do outro, mas, em primeira instância, ambos significam colocar a mão no bolso e arrumar uma sarna para se coçar. Muita gente prefere evitar a fadiga e só construir em cima do que ganha, tanto na vida pessoal quanto na vida profissional. Não vou julgar, mas esse não é meu estilo e acho complexo escalar na velocidade necessária com base nesse raciocínio, ainda mais considerando o dinamismo das reinvenções do mercado nos dias atuais.

Posta a necessidade de se arriscar, é preciso compreender que surfista amador não pega onda grande. Boa vontade é o princípio, mas não basta: se você quiser estar na maior onda, tem que passar pela arrebentação, remar, provavelmente tomar caldos, correr riscos sérios. Pessoas morrem fazendo isso – e a analogia não é exagero –, seja no mar, seja nos negócios. Basta checar diversas pesquisas que relacionam índices de suicídio à saúde financeira do indivíduo. É preciso estar muito preparado e, ainda assim, mesmo se fizer tudo certo, tudo que você tem é uma chance. Um "talvez". Diante desse cenário, tem gente que prefere curtir ondas menores, há aqueles que querem ficar na praia. Tudo certo, mas tem seu preço e nenhuma planta cresce sem ser regada.

Eduardo Cosomano

Em determinado trecho do best-seller mundial *Sapiens: uma breve história da humanidade*, o historiador e filósofo Yuval Noah Harari afirma que o ciclo da economia pré-moderna pode ser entendido por pouca confiança no futuro, que gera pouco crédito, que gera crescimento lento, que volta para pouca confiança no futuro e assim sucessivamente. Já a economia moderna funciona de maneira oposta: muita confiança no futuro, que gera muito crédito, que gera crescimento rápido, que gera confiança no futuro, também em um ciclo que se retroalimenta. Ele detalha:

Não aconteceu da noite para o dia: a economia se comportou mais como uma montanha-russa do que como um balão. Mas, no longo prazo, com os obstáculos nivelados, a direção geral era inequívoca. Hoje, há tanto crédito no mundo que governos, corporações e indivíduos facilmente obtêm empréstimos grandes, de longo prazo e a juros baixos que excedem muitíssimo a receita atual. [28]

Para desenvolver seu argumento, o historiador cita o manifesto *A riqueza das nações*, publicado em 1776 pelo economista escocês Adam Smith, e explica a definição de capitalismo. "Quanto mais lucro tiver, mais assistentes pode empregar. Daí decorre que um aumento no lucro dos empreendedores privados é a base para o aumento na riqueza e prosperidade coletivas", [29] diz um trecho. Mais adiante, uma ponderação: "O capitalismo distingue o 'capital' da mera 'riqueza'. O capital consiste em dinheiro, bens e recursos que são investidos na produção. A riqueza, por outro lado, é enterrada debaixo do solo ou desperdiçada em atividades improdutivas. Um faraó que destina recursos a uma pirâmide improdutiva não é um capitalista". [30]

---

28 HARARI, Y. N. **Sapiens**: uma breve história da humanidade. Porto Alegre: L&PM, 2018. p. 416. Edição de bolso.
29 Ibidem. p. 417.
30 Ibidem. p. 419.

Nas palavras de Harari, "Smith negou a contradição tradicional entre riqueza e moralidade e escancarou os 'portões do céu' para os ricos. Ser rico significava ser moral. Tudo isso depende, entretanto, de os ricos usarem seus lucros para abrirem novas fábricas e contratarem novos empregados, em vez de desperdiçá-los em atividades não produtivas".[31]

LIÇÕES DO CAPÍTULO 3

- » Os desejos sugerem os propósitos mais profundos de um cliente.
- » "A melhor maneira de persuadir as pessoas é com os ouvidos." Escute o seu cliente e entenda o problema dele.
- » Eleve o nível da competição para se diferenciar dos seus concorrentes. Procure fazer melhor, mais rápido e, se possível, mais barato. Não se foque na concorrência, mas a acompanhe. Tenha foco em melhorar suas condições até se tornar imbatível.
- » Crise é problema e problema precisa de solução. Quem encontrar as soluções para mitigar os impactos do momento, cresce. Portanto, crise é oportunidade.
- » Às vezes, é preciso abrir mão do que já se tem para (talvez) obter benefícios mais concretos no futuro.

---

[31] Ibidem. p. 418.

Boa vontade é o princípio, mas não basta: se você quiser estar na maior onda, tem que passar pela arrebentação, remar, provavelmente tomar caldos, correr riscos sérios.

Capítulo 4
A experiência do consumidor está em tudo

Eduardo Cosomano

Muitas empresas ao redor do mundo buscam desenvolver práticas que colocam a experiência do cliente no centro, compreendendo que a sua satisfação é o principal ativo da companhia diante do alto grau de competitividade do mercado. Para isso, criam um departamento estruturado na experiência do consumidor. O livro *Guiados pelo encantamento*, de autoria de Joseph A. Michelli, consultor e diretor de experiência da The Michelli Experience, detalha o trabalho desenvolvido pela Mercedes USA nesse sentido.[32]

O projeto teve início em 2012, quando Stephen Cannon, então CEO da Mercedes-Benz, se propôs a colocar a empresa como "indiscutivelmente, a melhor provedora de experiência geral do cliente". Para isso, a companhia desenvolveu o modelo Lead (*Listen, Empathize, Add Value and Delight*) – ou seja, ouvir, ter empatia, agregar valor e encantar, em português –, que, por sua vez, dá corpo aos "três pilares" da experiência do cliente: a conscientização de que bom não é o suficiente; a perspectiva do que significa a busca constante da melhor experiência para o cliente; e o compromisso do pessoal, da equipe e dos líderes em proporcionar as melhores experiências para o cliente.

---

[32] MICHELLI, J. A. **Guiados pelo encantamento**: o método Mercedes-Benz para entregar a melhor experiência do cliente. São Paulo: DVS, 2017.

Esse modelo foi replicado em treinamento para toda a empresa nos Estados Unidos, incentivando os colaboradores a buscarem referências para além do próprio setor – muitas vezes em empresas líderes de outros mercados – e a formarem equipes multidisciplinares com o objetivo comum de servir aos interesses dos clientes e identificar fatores que poderiam limitar essa tarefa.

Muitos processos que poderiam dificultar a performance do time foram redesenhados e muitos novos projetos direcionados à satisfação dos clientes foram desenvolvidos. Para dar um exemplo, durante o projeto descobriu-se que mais de 70% dos revendedores da marca nunca tinham sequer pilotado um modelo Mercedes.

Para reverter esse quadro, a empresa desenvolveu um programa chamado *Drive a Star Home*, ou "leve uma estrela para casa", em tradução literal, por meio do qual setecentos veículos foram enviados para que todos os revendedores pudessem levar para casa uma Mercedes por até três dias. Além de conhecerem profundamente o produto e seus serviços, muitos desses revendedores mostraram o carro para os vizinhos que, posteriormente, foram até as concessionárias avaliar a possibilidade de comprarem um novo modelo.

Guilherme Juliani

Com uma dívida nas costas, mas com estrutura e perspectivas de novos negócios, a possibilidade de equilíbrio financeiro surgiu em nosso horizonte no ano de 2016. Além disso, tínhamos praticamente reinventado a nossa forma de trabalhar e colocado tudo em prática muito rápido, então nem de longe era hora de relaxar: o momento pedia pé no acelerador. E o time todo estava muito pilhado. Usamos esse sentimento para manter o nosso foco em qualidade e estabilidade das operações e, claro, aumentar nossos negócios.

Nas visitas aos nossos clientes, notei que outras empresas apresentavam soluções também presentes em nosso escopo, algumas até bem antigas, mas que o cliente nem percebia. O fato é que, apesar de nossas mudanças, nós não éramos nem de longe vistos como uma empresa moderna e voltada para inovação e tecnologia. Mais uma vez, os clientes nos ajudaram a perceber uma falha: faltava a nós uma comunicação mais assertiva e contundente.

E isso foi uma surpresa para mim, porque, na minha cabeça, tudo estava certo. Durante as nossas reuniões presenciais, apresentávamos um PowerPoint lindo e cheio de números, e eu falava entusiasticamente sobre as nossas novas tecnologias. Então como nosso cliente simplesmente não notava essas tecnologias?

Para dar um exemplo concreto, a Flash Courier utiliza um sistema de baixa on-line desde 2009. Na prática, o sistema permite que o cliente saiba o status da sua entrega em tempo real pela internet por meio de informações coletadas pelo celular do entregador. Na primeira versão do nosso aplicativo, lançada por volta de 2008, utilizamos o sistema Symbian, da Nokia, que não deu muito certo, mas em 2010, com a disseminação do sistema Android, a nossa solução começou a tomar corpo. Cerca de 10% das entregas foram realizadas com baixa on-line naquele ano. Lembrando que estamos falando de 2010 e, para se ter uma noção do desafio tecnológico da comunicação por celular da época, o WhatsApp só foi lançado em 2009.

Pois bem, em uma reunião em 2016, o nosso cliente, completamente maravilhado, nos mostrou a solução de baixa on-line de um concorrente! Na hora eu pensei: *Diabos, mas como assim? Nós fazemos isso e mostramos no PowerPoint há quase quatro anos!* Honestamente, meu primeiro impulso foi achar que o cliente estava mal-intencionado, fazendo aquilo para nos provocar. Mas, voltando para o nosso mantra "o cliente tem sempre razão", reavaliei mais profundamente.

A primeira conclusão óbvia é que **o fato de eu ter mostrado uma informação ao cliente não significava que ele tivesse recebido e assimilado aquela informação**. Isso vale para qualquer processo de comunicação – olhe com atenção para isso, especialmente no mundo pós-pandemia, com diversas reuniões on-line: falar não significa ser ouvido. Em segundo lugar, havia muitas falhas do nosso lado. Não tivemos todas as respostas acerca do que precisava ser feito a partir daquele episódio, mas tínhamos alguns indícios.

Nós sabíamos que o nosso site era feio – para você ter uma ideia, na nossa página inicial havia uma imagem de uma pessoa trabalhando em um monitor de tubo! Nossa logo tinha sido desenhada por um amigo do meu irmão e contava com diversos aspectos quadrados. O amadorismo era tanto que um amigo meu me perguntou se a logo tinha sido feita no Paintbrush.

A realidade é que toda nossa identidade visual era amadora.

As redes sociais já tinham algum peso naquela época e nossa atuação era zero, nós não fazíamos nada nessa frente.

Não contávamos com uma linha de comunicação direta para comunicar nossas novidades, como uma newsletter, nem para clientes e *prospects* nem para parceiros, como nossa rede de franqueados, e menos ainda para os nossos funcionários, que são os responsáveis por carregar a mensagem da empresa para os clientes.

E a apresentação da qual eu tanto me gabava, no fim, não era lá essas coisas. Ou seja, nós tínhamos vários aspectos positivos, falávamos entusiasticamente sobre eles, mas todo o restante da nossa comunicação enviava mensagens no sentido oposto. Era como nos dias de hoje, com a guerra entre Rússia e Ucrânia, você ouvir uma palestra do Vladimir Putin sobre economia e negociações de paz.

De uma maneira muito simplista, marketing nada mais é do que comunicar às pessoas interessadas sobre aquilo que você pode fazer por elas. Marketing bem-feito é prestação de serviço, isso tanto para o público interno como para o externo. E eu e o Andrez estávamos tão dentro dos nossos projetos que acreditávamos que todos à nossa volta sabiam o que fazíamos e poderíamos oferecer, mas não sabiam. Nem nosso público interno nem nosso público externo conhecia nosso posicionamento e portfólio de serviços. Isso incluía colaboradores, fornecedores e parceiros. A ideia só estava clara para mim e para o Andrez e, talvez, para mais alguns poucos colaboradores.

Olhando melhor para os processos de comunicação como um todo, nós precisávamos mudá-los para seguir o novo estilo da empresa, que era na linha "o ótimo é inimigo do bom", "feito é melhor que perfeito". Em princípio, eu sou pessoalmente fã desse *modus operandi*, porque não tenho muita paciência para enrolação. As coisas precisam acontecer rápido, o contexto não vai ser adequado nunca, não dá para esperar perfeitas condições de temperatura e pressão para fazer as coisas andarem. Além do mais, a ideia da perfeição é o esconderijo ideal para burocratas, que encontram uma desculpa para tudo e simplesmente não fazem o trabalho "porque se não for perfeito, melhor não fazer". Então, quando se implanta a cultura do "feito é melhor que perfeito", todo mundo sabe que a coisa tem que andar e não cabe desculpa.

Mas esse estilo tem seus pontos cegos. A linha entre o "melhor feito do que perfeito" e o "faz de qualquer jeito e depois a gente vê" é mais do que tênue. E obviamente esse modo de pensar ia totalmente na contramão da nossa então recém-implantada cultura de encantar o cliente. Eu poderia até encantar o cliente se ele me desse uma chance, mas, com aquele visual, o trabalho seria muito mais difícil. Nosso potencial de realização não condizia com nossa aparência. Não fazia sentido. É como fumar enquanto corre. Nossa imagem não estava alinhada ao que queríamos passar e, por essa razão, os clientes e parceiros não percebiam quem realmente éramos. Então, nós completamos a frase: "feito é melhor do que perfeito. Mas precisa ser bem-feito!".

Uma coisa que meu pai sempre comentou é que o melhor marketing é o boca a boca. Em parte, eu concordo com ele. Nada é maior do que o poder de uma indicação de um cliente bem atendido. No entanto, uma coisa não substitui a outra: era necessária a estruturação de uma comunicação profissional mais eficiente, e isso era uma prioridade estratégica.

Priorizar esse tema foi um ponto de discordância com meu pai e continua sendo até hoje. Mesmo assim, fomos em frente.

Recorremos novamente às ideias da Disney. Uma das regras de ouro deles é que o seu concorrente em determinada atividade não é o seu concorrente direto. Por exemplo, em atendimento telefônico, o concorrente da Disney não é a Universal Studios, mas a melhor empresa do mundo em pós-vendas, como a Zappos – e aqui fica uma ótima dica de livro sobre experiência do cliente, *A Experiência Zappos*, de Joseph A. Michelli.[33]

Quando a Roberta, minha esposa, me deu de presente o livro *O jeito Disney de encantar clientes*, fiquei com aquilo na cabeça e foquei no pós-vendas. Demorou um pouco para eu absorver a ideia de que o encantamento ao cliente está presente em várias áreas do nosso negócio, entre elas o marketing. Mas eu estava determinado a isso. Foi assim que decidi fazer um curso da Disney, no Disney Institute, e aprender um pouco mais sobre essa parte de imagem da empresa. Existem vários desses cursos no Brasil, inclusive.

Ali, percebi que começamos a seguir o caminho certo. Comecei a pelo menos reconhecer que nossa imagem era ruim e que tínhamos potencial para fazer muita coisa boa. O que foi muito transformador para mim foi a exemplificação prática de como o marketing está envolvido em absolutamente tudo em uma empresa. O jeito como um profissional fala, um problema sem solução (que pode até não ser causado por você, mas tem impacto no negócio), o ambiente de uma empresa, os desdobramentos de pequenas decisões (ou a ausência delas). O marketing não começa na estética, mas na essência, na estrutura. Não é da porta para fora, é primeiro da porta para dentro. Talvez esse conceito seja óbvio para muitos, mas para mim não era. Eu achava que marketing era anúncio, era colocar uma placa. Mais uma vez eu estava redondamente enganado.

---

[33] MICHELLI, J. A. **A experiência Zappos**. Porto Alegre: Bookman, 2013.

Fiquei tão empolgado com o curso que decidi fazer alguns testes. O primeiro deles foi aplicar todos os conceitos na festa de fim de ano da empresa. Aquela era a primeira virada de ano na nossa nova sede, com a nossa nova esteira de roteirização, que, comparada a anterior, era gigante – era a chance de reunir clientes, colaboradores, fornecedores e mostrar nossa nova cara. Em comparação com o galpão antigo, o nosso novo espaço era realmente uma mudança da água para o vinho – além de ser um local muito agradável e bonito, tinha um terraço com churrasqueira gourmet e quadra de futebol. Nosso objetivo era que todos os nossos clientes vissem o quanto tínhamos crescido e como a nova sede era imponente, bem-organizada e automatizada. E de quebra era uma excelente oportunidade de integração e imersão dos nossos colaboradores no conceito de que tudo é marketing. No entanto, apesar de contar com profissionais de diversas áreas, menos alguém específico de marketing – que só chegaria em 2018 –, tocamos nós mesmos o evento.

Pois bem, começamos a seguir o conceito dos *touchpoints*, que nada mais são do que qualquer forma de interação do consumidor com uma empresa. Tentamos mapear simplesmente tudo que acontece com uma pessoa durante um evento. Alguns pontos que abordamos:

» **Proposta:** como o nosso evento era no final do ano, para mostrar o que havia sido feito de bom e as novidades e o *kick off*, ou pontapé inicial, para o ano seguinte, criamos um nome que significasse algo e tivesse um duplo sentido: IMPULSO 2017!.

» **Abordagem:** abordamos as pessoas uma a uma, fizemos mensagens personalizadas, conversamos de perto com os nossos convidados para que se sentissem prestigiados já nesse momento.

» **Ponto de partida:** consideramos o trânsito para calcular a hora de começar o evento, algo óbvio, mas fundamental em grandes metrópoles como São Paulo. Um fato como um congestionamento pode fazer com que alguém associe você a uma experiência boa ou ruim, ainda que você não tenha nenhum poder de decisão sobre esse fato. Uma coisa é certa: as pessoas sempre comentam se pegaram ou não trânsito na hora que chegam. E isso afeta o humor delas com relação a você e a seu evento. Logo, algumas coisas óbvias podem estar no seu plano de ação. Começar um evento em São Paulo entre as 18h e as 19h é pedir para ter problemas.

» **Estacionamento:** estruturamos uma boa equipe para receber as pessoas – com manobristas, guarda-chuva, tudo direitinho. Parece óbvio? Mais uma vez: antes de fazer o complexo, faça o simples! Cada item vai gerar um ponto positivo ou negativo na mente das pessoas.

» **Chegada:** é muito ruim você chegar a um lugar em que não conhece ninguém, concorda? Por isso, deixamos um grupo de colaboradores da empresa na recepção para acolher o convidado e fazer com que ele se sentisse em casa. Uma vez que a equipe desse convidado estivesse reunida, ele se sentiria mais à vontade. Nós, brasileiros, somos muito suscetíveis ao contato fora do ambiente de trabalho e amamos nos sentir convidados VIP. Isso é algo que precisa ser trabalhado, porque antes das relações entre empresas existem as relações entre pessoas.

» **Imagem:** o elevador, o corredor de entrada – tudo começa a fazer parte da experiência do seu cliente. Cuidamos de sinalizações, decorações, mensagens. Colocamos um grande painel no evento, deixando claro que éramos agora uma empresa tecnológica. Era tudo visualmente muito impactante.

>> **Engajamento do time:** é fundamental destacar que tudo foi realizado pelo time de colaboradores. Isso porque a ideia era realmente internalizar em cada uma das pessoas da nossa empresa a ideia de que o detalhe faz a diferença. O sucesso do evento era uma consequência disso, lógico, mas o principal ali era criar uma cultura em que a satisfação dos nossos clientes estivesse no centro das atenções. A ideia foi realmente desenvolver senso de acolhimento e olhar para a experiência do cliente no detalhe.

Diante de algum acontecimento, cada um de nós, ainda que de maneira involuntária, vai inconscientemente somando e subtraindo os pontos da experiência. Como é praticamente impossível conseguir criar um momento em que todas as pessoas tenham somente sensações positivas, o objetivo é atingir o máximo de pontinhos positivos no maior número de pessoas possível.

Esse conceito aplicado ao evento serve para tudo: seu site, uma proposta comercial, a recepção da empresa, o atendimento telefônico, a disponibilidade das suas informações para os clientes, sua marca, como as reuniões são conduzidas, seus veículos, seus vídeos institucionais, suas redes sociais – ou seja, simplesmente qualquer local em que seu cliente tenha contato com você ou veja sua marca ou produto.

Até mesmo o horário em que você chega aos compromissos diz muito sobre você e a sua empresa. Especialmente nós, que somos uma empresa de entregas – e uma entrega de qualidade é aquela feita no local certo e na hora combinada. O primeiro pensamento do cliente parece óbvio: *Se ele não chega pontualmente nem a uma reunião, o que esperar do cumprimento do horário das entregas?* Tenha sempre isso em mente. Toda empresa, negócio ou serviço precisa entregar algo para o consumidor; logo, a pontualidade, as reações e os comportamentos da sua equipe – e os seus próprios – dizem tanto sobre a sua marca quanto todos os outros detalhes que você possa ter mapeado.

Como já falamos, não havia ninguém de marketing nessa época da empresa: o departamento só seria oficialmente estruturado em 2018. Vamos falar disso mais para a frente. Mas, sem dúvida, a abertura para o nascimento de um departamento aconteceu ali, no final de 2016. Definitivamente, nós entendemos a importância da comunicação e da experiência do consumidor e que, no fim, tudo é marketing, embora o departamento só tenha sido implementado oficialmente em 2018.

LIÇÕES DO CAPÍTULO 4

- » Uma coisa é o que você mostra para o seu público, outra é o que o cliente enxerga; comunicar com eficiência é mostrar seu potencial ao cliente; um marketing bem-feito faz com que essa comunicação não gere ruídos.
- » A experiência do consumidor também é marketing, inclusive muitas delas acontecem por meio de alguma forma de marketing. Todos os detalhes geram sensações positivas, e são essas sensações que fidelizam o cliente.
- » "Feito é melhor do que perfeito. Mas precisa ser bem-feito!"

Definitivamente, nós entendemos a importância da comunicação e da experiência do consumidor e que, no fim, tudo é marketing.

Capítulo 5
Rupturas exigem planejamento, persistência... e muita paciência

Eduardo Cosomano

"Era uma corrida de 24 horas, mas ficamos quase meia hora rodando sem o sensor, então, nesse momento, a gente já tinha uma desvantagem de mais de sete voltas para o líder. A partir daí, foi redução de danos. No final, ficamos em 25° lugar entre setenta *karts* que estavam na pista. Foi um fracasso, pois a gente estava ali para brigar pelo pódio",[34] relembra o engenheiro aeroespacial Ricardo. Apesar do resultado frustrante em sua primeira edição das *24 Horas de Interlagos*, uma das principais e mais tradicionais provas do *kart* amador brasileiro, Ricardo acabou se dando bem. O chefe da equipe era próximo ao Andrez, outro apaixonado por automobilismo, e indicou o Ricardo para uma vaga de assistente de projetos na Flash Courier. Então, em 10 de outubro de 2016, o jovem engenheiro começou sua jornada na empresa.

Em cinco anos, Ricardo galgou inúmeras posições dentro da companhia e hoje ocupa o cargo de supervisor de projetos, sendo responsável por algumas transformações profundas no Grupo MOVE3, como a implantação das novas esteiras automáticas de roteirização e dos 220 robôs AGVs (veículos guiados automatizados). Vamos nos aprofundar nessas inovações mais adiante.

"A característica de trabalhar em um ambiente altamente dinâmico é o ponto comum que encontro entre o *kart* e uma empresa de operação

---

[34] Entrevista realizada em 6 dez. 2021.

logística intensa, como a Flash ou a Moove+. No *kart*, tudo muda em uma volta. Aqui, tudo muda a cada cinco minutos. Um pequeno erro no planejamento compromete todas as etapas seguintes da operação. E, se acontece um erro, tem que ser resolvido muito rápido. Os minutos têm muito valor nesses ambientes. Mas velocidade não pode ser confundida com pressa. Tem que ser rápido e assertivo."

Guilherme Juliani

Se o biênio 2014 e 2015 foi marcado por nossa mudança de sede e por uma profunda reflexão sobre como nos posicionamos com nossos clientes, é razoável dizer que, de 2016 a 2018, colocamos ordem em todas as empresas: naquele momento, Flash Courier, iLog e Jall Card. Para dar uma ordem de tamanho, as empresas começaram a crescer de maneira constante ano a ano: em 2016, faturaram juntas em torno de 104 milhões de reais; em 2017, esse número passou para 113 milhões e, em 2018, alcançou 145 milhões de reais. Em números percentuais, isso representa um crescimento de quase 45% em três anos, um bom índice, ainda mais considerando que vínhamos de tempos de "vacas magras".

Mas o que não sabíamos é que, mais do que uma retomada, esses três anos seriam o tripé dos que viriam a seguir e representariam uma linha de corte – um antes e depois, por assim dizer – na história da empresa. Relembro: em 2022, o grupo tem a projeção de terminar o ano com faturamento impensável de 1,1 bilhão de reais. E isso faz com que, a partir desse ponto, crescer acima de 40% ao ano não seja nada mais do que a nossa obrigação. Só que os novos negócios que sustentaram esse crescimento absolutamente expressivo exigiram rupturas e renovações profundas e significativas. Mesmo hoje, a empresa continua se "reinventando" a cada seis meses, período em que geralmente muitas coisas acontecem e exigem mudanças mais significativas. Ou seja, conseguimos fazer com que a necessidade de mudança e adaptação faça parte da cultura da companhia. É importante destacar que, em um primeiro momento, isso aconteceu na nossa forma de pensar – tanto dos líderes quanto do time como um todo. E isso é bem menos subjetivo do que parece.

Mudar de ideia exige um compromisso com o argumento que os vaidosos são incapazes de assumir. É preciso desapego para deixar que ideias melhores que a sua floresçam e prevaleçam. E, se isso é razoavelmente pacificado no campo das ideias, no campo das emoções exercidas no cotidiano, eu lhe garanto que não é. E o resultado são conflitos intermináveis sem nenhum sentido, já que, como foi dito, o compromisso é com qualquer coisa que não seja uma evidência. Felizmente, nós estamos vencendo nossos egos em prol de algo maior aqui nas empresas do grupo, mas não sem esforço individual e coletivo.

Pouco a pouco, essas mudanças impactaram o grupo inteiro, mas alguns setores foram especialmente transformados e alguns foram criados: o pós-venda (amplamente abordado até aqui), o marketing, o setor de tecnologia, o de infraestrutura, e, claro, o RH e nossa cultura. E tudo isso com a necessidade do cliente no centro. Muitas boas iniciativas foram semeadas nesse período, os primeiros frutos começaram a surgir e a empresa voltou a crescer, como já falamos. Mas era preciso estruturar o terreno, porque tínhamos muito crescimento pela frente, e disso eu e o Andrez sabíamos. Sinceramente, nessa época, a gente não sabia exatamente como essa expansão aconteceria, mas havia uma convicção de que era possível. E essa estrutura física e cultural nos custou quatro anos de investimento. Um dia por vez.

Você, que está lendo este livro, pode achar que quatro anos é muita enrolação para estruturar um novo modelo de negócio. Bem, esse caminho nunca é fácil, mas, se você está em um negócio estabelecido ou familiar em meio a um processo de sucessão ou na fase inicial dele, certamente o processo será ainda mais complexo. Repito o que já disse anteriormente: vai haver muita resistência e muitos conflitos internos. Nós não apenas manobramos um transatlântico; nós o fizemos com forte resistência interna e brigas pelo controle do leme. E lembrando que estamos falando aqui de um negócio que precisa gerar resultados positivos de caixa para poder pagar as contas e os empréstimos no final do mês.

Vou explicar no detalhe, começando de fora para dentro, tudo que fizemos nesse período. Vai fazer sentido, acompanhe o raciocínio.

Ao longo desses quatro anos, mudamos marcas, o site, os conceitos da ISO 9001, o layout operacional, o layout do escritório, adesivação dos veículos, estruturamos novos departamentos, ampliamos o nosso escopo de atuação, adquirimos novos galpões, novas tecnologias etc. Nós mudamos praticamente toda a empresa e sua filosofia de trabalho. Ou seja, muita mudança para uma empresa que tinha a estratégia voltada para a estabilidade até o ano de 2014. Para se ter ideia, meu pai sempre falava de uma visita a uma transportadora australiana gigante que ele fez anos atrás, dizendo que jamais queria ter uma empresa como aquela, que precisava administrar 200 mil entregas por dia em diferentes centros de distribuição. Ela apontava os acidentes internos com os veículos como um problema limitante. Atualmente, fazemos cerca de 500 mil entregas por dia, e não registramos nenhum incidente dessa magnitude.

No papel, antes da reestruturação da empresa, em 2015, eu assumi o cargo de CEO, e meu pai focou seus esforços na Jall Card e ficou no conselho da Flash e da Moove+; logo em seguida, o Andrez se tornou diretor de operações. Já no dia a dia, na prática mesmo, muitas vezes eu e meu pai tivemos discordâncias e, em alguns casos, transmitimos ordens contrárias para a equipe, o que é um cenário muito perigoso. Quando os dois principais executivos da empresa começam a se desentender dessa maneira e se contradizer em suas ações e demandas, a equipe sente que falta liderança e tudo desanda.

É claro que queríamos a mesma coisa, que a empresa crescesse, mas achávamos que chegaríamos lá de maneiras distintas. O meu pai é um homem determinado, que traçou seus objetivos, um a um, e os atingiu. Não é simples convencer uma pessoa que venceu fazendo as coisas sempre do seu jeito de que, a partir de um determinado momento, tudo será de outra forma. Só que o mundo havia mudado muito rápido, as necessidades eram outras e não podíamos continuar fazendo tudo da mesma maneira batida de sempre, até porque, em 2015, a empresa estava em uma situação ruim.

Líderes como meu pai são sempre pessoas de personalidade muito forte. Dentro da linha de raciocínio dele, o dono ou presidente olha e supervisiona simplesmente tudo que está acontecendo na empresa. O problema é que, quando a coisa cresce e a empresa precisa tomar centenas de decisões por dia, isso é impraticável, não dá para microgerenciar cada detalhe. E a nossa empresa estava nesse momento e existia a necessidade real de descentralização das tomadas de decisões, o que, é lógico, tornou urgente a adaptação da gestão da empresa. Precisávamos nos adaptar para poder permitir que o negócio evoluísse por si só. Meu pai, porém, não estava cedendo em muitos casos, e isso foi criando um ambiente difícil. Afinal de contas, muito antes de trabalharmos juntos, somos pai e filho, de modo que é um processo pessoalmente doloroso.

Em dado momento, após tantos desalinhamentos, tivemos uma discussão pouco amigável em que, definitivamente, os limites foram ultrapassados. Após esse embate, não teve escapatória e tínhamos que decidir se eu continuava no comando da empresa ou se eu saía e deixava meu pai reassumir. No fim da contas, mantive a posição de CEO das empresas de transporte e meu pai permaneceu no conselho e administrando a Jall Card, afastando-se totalmente das operações da Flash e Moove+.

O processo de sucessão familiar é algo muito complexo. Vou falar duas coisas óbvias: a primeira é que em uma empresa as decisões precisam ser técnicas. A segunda é que as decisões em família, por mais que se tente evitar, em algum momento, podem ser emocionais. Somos humanos. Quando olho sinceramente para o caso da Flash, penso: *Poxa, poderíamos ter evitado alguns erros e feito melhor*. Mas, quando olho para o mundo, para os outros casos de sucessão, considero que estamos indo muito bem. Nós tivemos problemas, mas fomos capazes de superá-los. Ainda mais considerando que as empresas estão crescendo e que eu e meu pai ainda curtimos bons churrascos. Talvez uma orientação profissional pudesse ter nos ajudado? Acho que sim.

A título de exemplo, um ponto de discordância entre nós sempre foi o marketing. "A gente chegou até aqui só com a propaganda boca a boca";

"Empresa faz marketing porque não tem qualidade"; "Propaganda vai atrair muita inveja e problemas que você não gostaria de ter" foram algumas das frases que ele me disse. Para ser bem sincero, sobre a última eu tenho que dar o braço a torcer: realmente, fazer sucesso no Brasil parece ser um pecado mortal. Quanto mais sua marca aparece, mais forte ela fica, e isso começa a atrair a atenção não somente dos seus clientes e potenciais prospecções, mas também do governo, com fiscalizações constantes; dos fornecedores, que podem ficar mais caros; de empresas querendo roubar seus funcionários; de potenciais concorrentes querendo pegar sua fatia do mercado etc. É preciso ter muita paciência e persistência para manter a estratégia. No entanto, se a comunicação e o marketing forem bem-feitos, o prêmio vem logo em seguida, com aumento no volume de negócios e de faturamento.

Outro ponto central das discordâncias entre nós sempre foi o nosso Campus Sadae, um *cross docking* ultramoderno onde instalamos um dos mais eficientes equipamentos de roteirização do mundo. Atualmente, esses equipamentos são determinantes para nossa escala de eficiência operacional e melhoria de processos, além, é claro, do impacto visual e no marketing do grupo. As esteiras trabalhando com todos os 220 veículos autônomos constituem um verdadeiro balé de pequenos robozinhos andando e fazendo a roteirização de maneira automática. Todos que visitam nossa operação ficam simplesmente abismados com toda aquela tecnologia, com exceção de uma pessoa: meu pai. Ele, aparentemente, não vê sentido nesse tipo de investimento, acha caro demais. A partir daí, pode-se imaginar como as diferentes visões sobre um mesmo projeto tornam o processo de sucessão familiar muito pouco charmoso no dia a dia.

Para além de discordâncias entre mim e meu pai, o desalinhamento era também estrutural: havia um grupo enorme de colaboradores, distribuídos nas três empresas, e, por sua vez, em dezenas de departamentos. Profissionais com muito tempo de casa, com pouco, cada um com uma referência de cultura. Cada um com uma teoria sobre o futuro da casa, debatendo nos corredores, durante o almoço, nos momentos de pausas.

As pessoas pensam, conversam, criam suas teorias – e elas quase sempre são catastróficas e ruins. O ambiente não fica legal. E não há nada mais frutífero para esse tipo de fenômeno do que a ausência de ordem. De modo que o que não era resistência era ruído ou desalinhamento com o que nós pensávamos e queríamos para as empresas do grupo. Por fim, e não menos importante, vale considerar que o simples fato de propor mudanças já é algo capaz de gerar conflitos, medos e anseios para todos os envolvidos.

Eduardo Cosomano

"Quando o Éder chegou, eu realmente fiquei com o pé atrás. Eu já havia perdido muitas noites de sono por causa dele. Achei que seria difícil. Mas no fim nos aproximamos e eu aprendo muito com ele. Somos amigos hoje e sinceramente na época não achei que seria possível", afirma Juliana, gerente do pós-venda, acerca da contratação do novo gerente de controle de qualidade e telemetria, em 2018. A insônia da gerente tinha uma razão: Éder antes trabalhava em um grande banco, um dos principais clientes da carteira da Flash Courier, e seu grau de exigência era muito elevado.

"A gente precisava que uma parcela de clientes *premium* do banco recebesse seus cartões no mesmo dia, até as 20 horas. Não havia margem para negociação e para erro, era uma necessidade do banco, e eu precisava que a Flash realizasse aquele trabalho. Ou buscaria alguém que fizesse", conta Éder.[35] "Em alguns momentos, simplesmente não havia meios de entregar o que o ele pedia. Sempre que ele ligava, a espinha gelava. No fim, chegamos aos resultados, inclusive o cliente segue com a gente", conta Juliana.

"Ele não queria saber como estava a entrega na Bahia, ele queria o CEP, as porcentagens de determinada rua, o dado específico. E isso foi complexo, porque a gente simplesmente não tinha essa informação. Até aquele momento, nosso padrão era fazer a entrega em até sete dias,

---

[35] Entrevista realizada em 27 dez. 2021.

com 95% de acerto. Se tivesse um erro aqui e ali, éramos parceiros. Mas a política do banco ficou mais agressiva e começamos a perder CEPs para a concorrência. Eles mensuravam resultados toda a semana", detalha Priscilla, à época no pós-vendas e, atualmente, gerente de implantação de projetos (implantação de clientes).[36]

Pois bem, eis que um belo dia chega a notícia: o Éder está vindo para comandar o departamento de controle de qualidade e telemetria. "Pintou um programa de demissão voluntária no banco, eu estava lá havia mais de vinte anos. Eu vinha conversando com o Guilherme sobre oportunidades na Flash e, naquele momento, tudo casou e eu vim. Mas a chegada não foi nada fácil", pontua o executivo. "Eu chamei as pessoas para almoçar, uma a uma. Às vezes, ia às festas, todo mundo bebendo, e eu não bebo; mesmo assim, ficava lá conversando, buscando me relacionar e me conectar com as pessoas. Queria mostrar que eu estava do lado delas, que as exigências sempre foram profissionais. Não foi fácil, não foi rápido, mas agora o time está cada vez mais integrado e nossos processos mais estabelecidos. Acho que me aproximei de todos."

Para Priscilla, a virada de chave com relação a Eder aconteceu a partir do entendimento da demanda. "Ainda quando ele era cliente, quando entendi que era uma tendência de mercado, e não uma pegação no pé, foi mais fácil. De fato, quando a gente não entregava, perdíamos volume, mas, quando começamos a nos adaptar, o volume aumentou. Foi uma mudança de cultura já naquela época, e quando ele entrou para o nosso time, ainda mais. De fato, a perspectiva dele se concretizou como uma realidade no mercado", finaliza.

Guilherme Juliani

Dentro desse contexto, começamos a refletir sobre integração: a possibilidade de unificar alguns departamentos, promover intercâmbio entre tecnologias das empresas, ampliar nosso TI, nosso desenvolvimento de

---

36 Entrevista realizada em 27 jun. 2022.

sistemas, nossas operações, nosso departamento financeiro, reformular nossa imagem.

Nessas áreas extremamente técnicas, um bom gestor precisa, obrigatoriamente, ter pessoas excepcionais. Para minha sorte, o time era fantástico e muita gente cresceu dentro da empresa nesse momento. Às vezes, esses recursos vão estar escondidos em estagiários ou analistas, você precisa ter a vocação de localizar essas pessoas ou ter alguém em quem confie que possa fazer isso para você. Já perdi as contas de quantas vezes promovemos pessoas que eu achava que não deviam ser promovidas, mas o fizemos por insistência do Andrez. E, para minha felicidade, na maioria das vezes foi provado quão errado eu estava. Tudo que precisamos fazer foi colocar as pessoas na posição correta e dar a elas toda a autonomia necessária. Em resumo, trazer para todas as empresas aquela pequena revolução que começamos a realizar lá no pós-vendas da Flash Courier.

E assim, de 2016 a 2018, fomos promovendo pessoas, contratando, integrando departamentos e melhorando a nossa performance. Fomos enraizando dia após dia a cultura da excelência do atendimento, da busca por soluções, e não por culpados, da visibilidade de resultados para o cliente e da melhoria dos nossos fluxos. E tudo isso começava na autonomia das pessoas – e, antes disso, na liderança que incentivava esse perfil.

Psicologicamente falando, acredito que existem dois tipos de gestores: o herói e o que vai virar diretor. O herói é aquele que ama a sensação de que todos dependem dele, ama olhar para a agenda e ver que ela parece um jogo de tetris, cheia de compromissos, ama aquela fila de funcionários dizendo "chefe, somente você pode resolver isso". Realmente, para o ego do ser humano, a sensação de ser o herói é muito boa. Mas isso só dura um certo tempo. Se você for sempre o herói, todas as decisões começarão a ser canalizadas para você e, obviamente, como seu tempo é limitado, você não dará conta de analisar todos os fatores necessários para a tomada de decisão. Com isso, decisões não tão boas serão tomadas.

Não se engane achando que seu time irá alertá-lo de uma decisão ruim. Se seus colaboradores já foram até você para perguntar o que fazer é porque eles não têm a segurança necessária para aquela tomada de decisão. E essa falta de segurança deles é responsabilidade sua. Como você é o herói de tudo, até as coisas simples serão levadas ao seu conhecimento, tirando cada dia mais a autonomia do seu time. Com isso, o seu perfil de herói não somente está aleijando a criatividade e a autonomia da sua equipe como também limitando absurdamente o resultado que todos conseguirão alcançar.

Por outro lado, o perfil oposto do herói ama quando o time toma uma decisão e vai até ele, talvez para uma aprovação ou somente para informá-lo sobre uma determinada tarefa. Isso dá a esse gestor uma sensação de liberdade e de que o filho cresceu e não precisa mais da sua ajuda para tudo. Com isso, esse gestor pode se concentrar em criar pontos de controle para validar na linha do tempo se as decisões estão sendo tomadas de modo correto e se estão trazendo bons resultados. Além de ganhar velocidade nas tomadas de decisões, esse perfil também cria novos gerentes e supervisores de maneira muito mais eficiente, uma vez que essas pessoas já estão exercendo uma certa liderança: tomando decisões e lidando com as consequências delas.

Essa diferença de mindset é bem difícil de ser alcançada e traduzida em ações das equipes, e realmente ao longo do tempo perdemos muitos talentos extremamente inteligentes por não se enquadrarem nesse posicionamento. Mas quando isso entra no sangue das equipes, a empresa passa, de fato, a ter um diferencial competitivo atraente para seus clientes.

Agora, é importante considerar que essa estratégia só vem dando certo devido ao perfil das pessoas que trabalham conosco. Do nosso ponto de vista, como diria Arnaldo Cezar Coelho, em seu célebre bordão, "a regra é clara": **contrate a força de vontade, e não o talento**. O talento é possível de ser treinado caso a pessoa tenha força de vontade e inteligência, mas o contrário não é verdade: ninguém nunca vai ser capaz de ensinar força de vontade para quem não quer, ainda que esse alguém seja talentoso. Claro, se por acaso pintar uma pessoa com as duas características, melhor ainda.

Acho importante fazer essa colocação, pois ainda está muito disseminada a ideia de que a performance só melhora se colocarmos pessoas com

MBA, pós-graduação ou qualquer outra certificação em posições estratégicas. Mas o que nossa experiência demonstra é que pessoas capazes não necessariamente têm uma formação acadêmica.

Atualmente, temos gerentes que cuidam de equipes de mais de cem pessoas que entraram na empresa em funções operacionais, como motoboy, sem sequer ter o ensino médio completo. Uma vez alçados a posições de liderança, é muito comum que esses profissionais voltem a se interessar pelos estudos. Temos alguns casos de pessoas que terminaram o ensino médio, fizeram faculdade e até um MBA em logística após ocuparem posições de liderança. E isso é muito bonito e gratificante de acompanhar, e comprova a tese de que vale a pena contratar a força de vontade e ensinar o talento.

Além disso, valorizamos muito nosso *pool* interno – sempre que surge uma vaga, olhamos primeiro para dentro. A ideia é sempre trazer pessoas das atividades operacionais para a gestão, tanto das próprias áreas operacionais, como para as áreas administrativas. **Quando muitas pessoas progridem dentro da companhia e têm autonomia para tomada de decisão, cria-se um ambiente muito positivo, porque elas sabem que são ouvidas, observadas e reconhecidas.** A partir daí, elas mesmas nos apontam os melhores caminhos a seguir, as melhores práticas, e uma cultura se forma de baixo para cima. Essas pessoas não ficam na empresa só pelo salário, mas por todo esse contexto.

E assim, mesmo com as dificuldades internas e o país pegando fogo – atravessando um impeachment, a Operação Lava Jato e forte polarização política –, nossas empresas como um todo se mantiveram bem, porque tínhamos um time excelente, agora mais organizado e capaz de fazer os negócios crescerem. A fase de forte expansão chegaria, mas ainda havia alguns ajustes a serem feitos.

Eduardo Cosomano

Quando o assunto é continuar ou não em uma empresa, o retorno financeiro ainda é um dos mais importantes parâmetros para a tomada de decisão de um profissional – mas está longe de ser o único e não funciona sozinho: só salário não retém talento a longo prazo. Isso porque a relação com o trabalho passou por diversas transformações ao longo do tempo, de modo que o ambiente, a cultura e o propósito da empresa, só para citar alguns fatores, têm um grande peso nos dias de hoje.

De acordo com uma pesquisa on-line realizada com 1.456 usuários da plataforma Love Mondays no Brasil, hoje Glassdoor, 61% consideram a cultura da empresa mais importante do que o salário e esse mesmo número diz que buscaria outro trabalho caso a cultura de seu emprego atual deteriorasse. Além disso, 69% afirmam que a missão da companhia é um fator fundamental para se manter em um emprego.[37]

O levantamento aponta ainda que tanto a cultura quanto a missão e o propósito de uma empresa são relevantes quando o assunto é busca por novas oportunidades de trabalho: entre os que responderam à pesquisa, 81% disseram levar em conta a missão e o propósito de uma empresa antes de se candidatar a uma vaga e 77% consideram a cultura na hora dessa tomada de decisão. Para 65% dos entrevistados é importante que os valores pessoais estejam alinhados aos da empresa; sem isso, não se candidatariam a uma posição, e 94% afirmaram que as empresas precisam ter missão e propósito claros.

Outro estudo, realizado pela consultoria global de comunicação Edelman,[38] também aponta dados semelhantes. Entre outras constatações, o material revela que 58% dos brasileiros agora escolhem, deixam, evitam ou consideram empregadores baseados em seus valores e crenças. Além disso, com a pandemia, salários altos, por si só, não bastam para incentivar colaboradores a trabalharem além da carga horária combinada ou a permanecerem na empresa.

---

[37] CULTURA da empresa pesa mais do que salário para brasileiros. **Glassdoor**, 4 maio 2021. Disponível em: https://www.glassdoor.com.br/blog/cultura-da-empresa-pesa-mais-do-que-salario-para-brasileiros/. Acesso em: 11 jul. 2022.

[38] EDELMAN Trust Barometer 2021: o empregado motivado por convicção. **Edelman**, 19 out. 2021. Disponível em: https://www.edelman.com.br/estudos/edelman-trust-barometer-2021-o-empregado-motivado-por-conviccao. Acesso em: 11 jul. 2022.

Outro dado relevante é sobre compartilhamento do poder: 62% dos brasileiros esperam que empresas parem certas condutas quando elas forem contestadas pelos funcionários, mas só 41% disseram ser ouvidos em casos como esse, ou seja, uma diferença de 21 pontos entre a expectativa do colaborador e a realidade da empresa.

Destaca-se, ainda, a importância dada às questões relacionadas a diversidade, inclusão e de cunho ambiental, social e de governança por parte dos colaboradores. Trata-se do tão falado ESG, sigla que vem do inglês Environmental (Ambiental, E), Social (Social, S) e Governance (Governança, G).

Enquanto 78% dos brasileiros que responderam à pesquisa esperam que os colaboradores em todos os níveis da empresa reflitam sobre essas questões, principalmente ao olharem os seus clientes e as comunidades em que a empresa está inserida, apenas 59% sentem que essa expectativa é, de fato, atendida.

A Edelman ouviu 7 mil trabalhadores de países como Alemanha, Brasil, China, Estados Unidos, Índia, Japão e Reino Unido no mês de agosto de 2021. Os resultados se transformaram no estudo *Edelman Trust Barometer 2021 – Relatório especial: o empregado motivado por convicção*.

Para se ter uma ideia da relevância da sigla ESG na sociedade, a procura pelo tema cresceu 150% no período entre fevereiro de 2021 e fevereiro de 2022, de acordo com levantamento do Google Trends realizado a pedido do jornal *Valor Econômico*.[39] Vale destacar ainda que o Brasil foi o país da América Latina que mais pesquisou pela sigla neste período e um dos 25 países que mais buscaram pela temática no período avaliado.

Certamente, há ainda aspectos a serem melhorados, mas é impossível não constatar que muitas das características apontadas nas

---

[39] BERTÃO, N. Entenda o que é ESG e por que a sigla é importante para as empresas. **Valor Econômico**, 21 fev. 2022. Disponível em: https://valor.globo.com/empresas/esg/noticia/2022/02/21/entenda-o-que-e-esg-e-por-que-a-sigla-esta-em-alta-nas-empresas.ghtml. Acesso em: 8 ago. 2022.

pesquisas podem ser encontradas nas empresas do Grupo MOVE3 – que acredita que um bom ambiente plugado a autonomia, incentivo dos colaboradores e diversidade faz o time mais forte. O grupo construiu a sua cultura e cimentou o seu propósito em momentos conturbados, em um processo de transformação que aconteceu de dentro para fora – e isso tem muito a ver com o perfil dos colaboradores da holding, tema que abordaremos mais à frente.

LIÇÕES DO CAPÍTULO 5

- » O simples fato de propor mudanças já é algo capaz de gerar medo e conflito.
- » Mudar de ideia é menos subjetivo do que parece: exige um compromisso com o argumento que os vaidosos são incapazes de assumir. É preciso desapego para deixar que ideias melhores que a sua floresçam e prevaleçam.
- » A equipe sente que falta liderança quando as ordens são contraditórias e isso pode fazer com que sua empresa desande.
- » Sucessão familiar no papel é uma coisa, na prática é outra: é preciso que todos tenham (muita) paciência durante esse processo.
- » Não é simples convencer pessoas que venceram no passado que o mundo mudou.
- » Contrate força de vontade, treine talento.
- » Valorize os colaboradores internos: busque no campo operacional aqueles que merecem uma oportunidade de crescer.
- » Só salário não retém talento; a cultura organizacional é um fator cada vez mais relevante para os colaboradores.

Capítulo 6
O início de uma nova fase

Guilherme Juliani

Já no começo de janeiro de 2018, eu, Ricardo, Andrez, Daniel e Danilo (na época, gerente operacional e de desenvolvimento, respectivamente) visitamos a ProMat em Chicago, uma das melhores feiras de tecnologia e automação do mundo para o setor de transporte e armazenagem. A ideia era encontrar modelos de esteiras, robôs ou qualquer tecnologia de automação e coleta de dados que pudesse otimizar nossa operação.

Conhecemos diversos fabricantes, fizemos alguns desenhos com eles, mas todos tinham uma limitação gigantesca, que era o nosso espaço físico. Até então, as nossas operações estavam em um espaço de menos de 10 mil metros quadrados e queríamos uma solução para, no mínimo, mil destinos. Por isso, a solução dos robôs ficou óbvia desde o começo. Mesmo assim, convidamos umas cinco empresas para desenhar soluções e propor melhores modelos para a nossa operação usando todos os tipos de métodos e tecnologias disponíveis no mercado, como *cross belts*,[40] *bombay*,[41] *tilt tray*,[42] robôs etc.

---

[40] *Cross belt* é um sistema de classificação que pode efetuar a distribuição de milhares de produtos por hora, permitindo um processo de personalização das operações. Fonte: Ferro Indústria.

[41] *Bombay* é um tipo de classificador unitário que permite trabalhar com produtos de médio porte com um alto fluxo de bandejas por minuto. Fonte: SDI System.

[42] Um classificador de bandeja inclinada é um conjunto mecânico semelhante a uma correia transportadora, mas, em vez de uma correia contínua, consiste em bandejas individuais viajando na mesma direção. Um classificador de bandeja inclinada pode ser configurado em uma formação em linha ou em um loop contínuo. Fonte: Wikipédia.

Cada desenho apresentado por fabricantes do mundo inteiro tinha suas vantagens e desvantagens, e para tentar colocar todos no mesmo patamar, os projetos eram compostos de esteiras em loop fechado que davam a volta no galpão. O *bombay*, que são bandejas metálicas que se abrem fazendo o pacote cair em uma caixa, era rápido, ocupava muito pouco espaço, mas o pacote caía de uma certa altura, com pequeno risco de dano. Já o *tilt tray*, um sistema muito usado em aeroportos para transferir as nossas malas até a doca certa, é composto de bandejas grandes que se inclinam, fazendo com que o pacote seja desviado para uma rampa, mas esse sistema não era ideal para envelopes muito leves como os de cartão de crédito. Por fim, havia o *cross belt*, que é um carrinho com uma pequena esteira na parte superior que gira, fazendo o pacote que está em cima ser desviado para a rampa de destino, e o mesmo processo de *cross belt* acontece na parte superior de cada um dos 220 AGVs, sigla em inglês para Automated Guided Vehicle System, ou Sistema de Veículo Guiado Automaticamente, em português. Eram várias e várias reuniões técnicas para discutir toda a matriz de decisão que o equipamento de automação deveria seguir. Quais cargas chegam em quais horários e concentração de distribuição por Unidade da Federação (UF) de cada carga, era preciso levar em conta as mais diversas variáveis possíveis, como peso e dimensões das cargas até o valor de nota fiscal e tipo do veículo (para não extrapolar a apólice de seguro de carga), entre outros pontos. Em síntese, o objetivo era colher referências e, se pintasse algum bom negócio, a gente fecharia. Mas, no fim, nenhuma proposta se enquadrava às nossas necessidades. Voltamos para o Brasil de mãos vazias, mas muito mais conscientes do que precisávamos. E assim, essa decisão da nossa nova automação acabou ficando para mais tarde.

Chegando aqui, nossa primeira movimentação foi a troca do nome da iLog para Moove+ Logística, ideia que veio sendo construída ao longo de 2018. Não que a iLog apresentasse resultados ruins, longe disso. Mas ela carregava uma imagem muito vinculada ao universo bancário, mais especificamente de cartões, e esse segmento já era amplamente atendido pela Flash Courier, que inclusive é um dos maiores *players* no setor até hoje. A iLog era vista como uma empresa de logística tradicional, e nós queríamos passar uma imagem moderna, inovadora e tecnológica, que sinalizava a forte expansão do nosso escopo. Matamos a marca mais fraca para lançar uma mais forte, que trazia embutida nossa nova mensagem. Simples assim.

Decidimos então deixar toda a parte de cartões com a Flash e direcionar toda a logística de meios de pagamento, de encomendas urgentes e e-commerces em geral para a Moove+. O foco era somente encomendas de no máximo 5 quilos. Em poucos meses, a Moove+ se expandiu mais ainda e investiu na entrega de produtos regulados pela Anvisa. Naquele ano, a empresa já possuía licença e infraestrutura para iniciar operações no Rio de Janeiro, em Salvador, Porto Alegre e Belo Horizonte. Em 2020, a operação alcançou abrangência nacional. Entre outros produtos, a empresa passou a entregar suprimentos alimentares, dermocosméticos e amostras grátis de medicamentos. Em menos de um ano, o volume de entrega desses produtos saltou de 4 mil para 50 mil por mês.

Especificamente sobre os produtos regulados pela Anvisa, existem critérios e obrigatoriedades para o cumprimento dos requisitos legais e sanitários que envolvem desde a disposição de infraestrutura segregada e climatizada até veículos isotérmicos e com monitoramento de temperatura e umidade, só para citar alguns exemplos. Atender a esse conjunto de exigências é realmente um desafio, já que requer tempo, custo e mão de obra altamente qualificada, o que desencoraja grande parte dos operadores logísticos. A consequência é uma altíssima demanda reprimida, com pouca alternativa de transporte para o fracionado e o porta a porta. Portanto, esse mercado foi e ainda vem sendo superimportante para nós.

Essa expansão rápida e muito diversa de escopo pegou muita gente de surpresa. Parecia que estávamos fazendo as coisas do nada, de uma hora para a outra, mas nós sabíamos exatamente o que vínhamos planejando. Aliás, é importante ressaltar que foi também em 2019 que finalmente criamos um departamento de marketing interno na empresa, que foi fundamental para nos ajudar a realizar toda essa comunicação, além de acelerar os trabalhos de assessoria de imprensa, que já haviam começado em 2018. Desse modo, pela primeira vez fizemos uma profunda mudança com uma estratégia de comunicação profissional envolvida. O efeito foi positivo e rapidamente passamos a ser percebidos pelo mercado como uma empresa de operação logística no sentido mais amplo.

Já no segundo semestre daquele ano, percebemos que o volume de negócios superaria nossa capacidade de estrutura em um curto prazo. Então, corremos para manter o crescimento acelerado das empresas e preservar o perfil de excelência dos nossos serviços. Foi nessa época que anunciamos uma forte ampliação da nossa sede no Campus Martini. Havia ali um galpão vazio, e decidimos fazer uma ampla reforma e dedicar um espaço exclusivo para a equipe administrativa, enquanto o outro sediaria somente a operação logística. Além disso, a gente sacou que precisava investir novamente em altíssima tecnologia. Após muitas pesquisas, programamos uma viagem para a China no fim de 2019. E, de novo, lá fomos eu, Andrez, Ricardo, Danilo e Daniel.

Ficamos por lá quase duas semanas e visitamos os centros de distribuição do AliExpress, da VIP.com, da SF Express e da Cainiao. A ideia era aprender e trazer a tecnologia deles para nossas operações. Voltamos muito impressionados e com discussões profundas de contratos, *leasings* internacionais, *trading companies*, fechamento de câmbio e tudo mais.

Normalmente, de maneira muito resumida, fechar uma operação financeira triangular como essas envolve os bancos, que fazem os pagamentos internacionais em forma de *leasing*, e a *trading*, que prepara toda a burocracia da importação. Esse processo demora muito tempo, mas tínhamos pressa de fechar esses contratos. Um equipamento desse porte leva quase dois anos entre a fase de projetos, contratos internacionais, operações financeiras, fabricação, navegação, liberação alfandegária e montagem, mas tudo precisava acontecer em dez meses. Por isso, tudo foi feito de maneira muito acelerada e com diversas reuniões por dia em fusos horários diferentes no mundo inteiro.

Decidimos adquirir 220 robôs, os AGVs, além de uma esteira *cross belt* de 100 saídas, capacidade cinco vezes maior do que o equipamento que usávamos naquela época. Uma vez em funcionamento, a eficiência de operação da Moove+ ampliaria de 6 mil pacotes por hora para adicionar mais 17 mil pacotes por hora – quase o triplo! Além disso, os robôs poderiam funcionar vinte e quatro horas por dia, sete dias por semana, tudo isso com baixíssimos índices de erros.

Uma implantação dessas não sai da noite para o dia, claro, mas, para nós, era um sonho que se tornava realidade. Tem até uma história interessante sobre isso. Uma vez eu assisti a um vídeo da Boston Robotics, empresa americana de robótica, sobre robôs autônomos guiados por inteligência artificial – aliás, vale assistir aos vídeos deles no YouTube. Na hora, mandei para o Andrez e começamos a viajar sobre como poderíamos aplicar aquela tecnologia à empresa, mas era algo fora da nossa realidade para a época.

Mais tarde, visitando uma feira de automação com o time da Flash, encontramos uma solução de robótica com inteligência artificial que se enquadraria na nossa operação... Ficamos quase uma hora na frente do estande imaginando como usar aquilo. Pensamos, pensamos, pensamos e veio o estalo: a melhor utilização daquela tecnologia poderia ser na multiplicação dos roteiros. Com o modelo em mente, voltamos para conversar com a empresa que tinha essa solução. Sem delongas, e me perdoe o português baixo, eles cagaram para a gente – apenas entregaram um panfleto e disseram que só pretendiam entrar no mercado brasileiro dali a uns cinco anos. O Andrez me puxou meio de canto, disfarçou e me disse: "Cara, olha o nosso tamanho. Eles é que deveriam insistir em fazer o negócio conosco". Ele tinha razão. Voltamos à tenda e falamos um pouco mais grosso no sentido de dar o entendimento do nosso porte. Pode parecer estúpido, mas algumas pessoas reparam no carro com que você chega na reunião, na roupa que você usa, no cargo do seu crachá – e só assim decidem respeitá-lo ou não. Demos uma carteirada, não teve outro jeito. E colou.

Marcamos uma ida ao centro de desenvolvimento deles na Flórida. Fizemos o desenho do projeto, discutimos todos os milhares de detalhes que envolvem um projeto desses, mas eles não confiaram e jogaram um preço absurdo para não aceitarmos o negócio. Com isso, desistimos do projeto dos robôs, pois eles eram os únicos – com exceção da Keva, que havia sido comprada pela Amazon e a partir daquele momento fabricava com exclusividade para eles – que faziam aquele tipo de produto. Alguns meses depois, o Ricardo encontrou a Quicktron Robotics, empresa chinesa de robótica com várias soluções implantadas em operadoras e e-commerces gigantescos. Foi assim que fomos parar na China.

Diferentemente dos estadunidenses e europeus, os chineses demonstraram um apetite enorme para fechar o projeto. Nessa época, tivemos inúmeras reuniões com fabricantes do mundo inteiro e com vários escritórios no Brasil que representavam essas empresas, mas, de longe, a disponibilidade dos chineses para vir desenhar, redesenhar e discutir inúmeras vezes o projeto era algo estarrecedor. Dava para ver a disposição e a fome que eles tinham para fechar contrato. De verdade, aprendi muito com eles.

Estar disponível para seu cliente sempre que ele quiser, demonstrar agilidade e, principalmente, vontade de fechar negócios são algumas atitudes que fazem, sim, muita diferença. No começo, tínhamos receio com relação à qualidade e à durabilidade dos produtos chineses, principalmente quando comparados aos alemães, mais tradicionais no nosso setor. Mas estávamos enganados. A qualidade do produto e do atendimento nos fez colocar os chineses no topo da lista de empresas preferenciais e nos fez ir até a China ver na prática as soluções deles.

Mas essa não foi a única vez que a postura de executivos determinou os negócios que fechamos. Certa ocasião, em 2014, fomos comprar uma esteira usada que precisava de uma série de adaptações para funcionar perfeitamente para o nosso uso. Depois de entrar em contato com o diretor financeiro da empresa pela primeira vez, fomos convidados a ver o equipamento e notamos que ele estava praticamente intacto. A impressão que tivemos é que a companhia fizera um investimento mal dimensionado e que não auxiliava na operação. A primeira pergunta que fizemos para nós mesmos foi: *como uma empresa daquele tamanho, com um escritório tão deslumbrante e uma operação tão grande, comprou um equipamento tão errado e que não servia para operação?*

Bem, a resposta começou a ficar clara na primeira reunião com o CEO deles. A conversa havia sido marcada para as 15 horas, mas ele entrou na sala quarenta minutos atrasado, ao lado do diretor financeiro nitidamente envergonhado. Com uma latinha de Red Bull na mão, foi logo dizendo: "Sejam rápidos que só tenho cinco minutos para vocês!". A primeira coisa que pensei foi: *Uau, para quem queria vender algo, esse foi um belo começo.*

A reunião se estendeu por mais de uma hora e ele queria vender a máquina praticamente pelo preço de um equipamento novo. A falta de empatia daquele homem demonstrava que ele provavelmente havia sido assessorado por vários técnicos antes de comprar o equipamento, mas seu ego gigantesco deve ter feito com que ele ignorasse os conselhos e seguisse seu próprio instinto, levando-o a uma decisão completamente errada e gastando cerca de 4 milhões de reais em um equipamento que nunca conseguiu usar.

Agradecemos a oferta e não fechamos negócio. Óbvio.

Após a reunião, fomos atrás de algo muito valioso quando o assunto é negociação: informação. Como estava a vida financeira daquela empresa? Havia outras empresas interessadas no equipamento? O projeto da esteira tinha valor sentimental para o CEO? Em uma negociação, ganha aquele que tiver mais informações e aquele que souber ouvir melhor.

Pelo período de quase um ano mantivemos contato com o diretor financeiro, aquele que nos recebeu bem. Ele, mesmo que sem perceber, nos forneceu informações importantíssimas. Enviou uma lista de bens que estavam sendo vendidos, como cadeiras, TVs e outros mobiliários do escritório. Perguntava sempre se estávamos disponíveis para pagar tudo à vista, em uma única parcela etc.

Esse caso exemplifica uma característica muito clara do brasileiro: nós adoramos falar, e isso torna a negociação no Brasil geralmente fácil. Basta fazer perguntas abertas para o seu interlocutor que, na maioria das vezes, ele vai entregar muito mais informações do que a resposta inicial que você estava procurando. E usamos esse conceito ao nosso favor durante essa negociação: com toda a informação reunida, sabíamos que era apenas uma questão de tempo para eles serem obrigados a vender o equipamento usado por um valor justo, e não pelo preço de um equipamento novo. Assim, no final de 2015, quase um ano depois daquela nossa primeira reunião, acabamos comprando por cerca de 800 mil reais um equipamento que tinha um valor de mercado de aproximadamente 4 milhões.

Esses dois episódios nos trazem muitas lições – e não só sobre como negociar da melhor maneira para a empresa. Quando lemos esses dois casos – dos estadunidenses que precisaram de uma carteirada para conversarem conosco e do CEO que queria revender o maquinário que não utilizava pelo mesmo preço que comprou –, precisamos olhar para dentro de nossas organizações e nos perguntar: como lidamos com nossos clientes internos ou externos quando somos chamados para repetidas reuniões? Como reagimos a e-mails repetitivos? Com entusiasmo para fechar negócios ou com aquele ar de professor sem paciência? Ignoramos clientes que não mostram suas credenciais desde o início ou damos oportunidade para os novos negócios chegarem até nós? Nossa equipe perde ou cria novas frentes de atuação?

É importante lembrar que estamos sendo avaliados constantemente, seja por meio de uma proposta comercial, seja em uma possível promoção interna. Novas oportunidades de negócios nem sempre são tão claras assim e, por isso, é importante darmos o nosso melhor nas interações com os clientes, em eventos de trabalho, feiras da área em que a empresa atua etc.

O resto da história dos robôs é a parte chata de desenho de projetos, inúmeras reuniões para definição de TI, integrações, custos e tudo mais.

Enfim, voltamos ao Brasil no final de novembro de 2019. E uma bomba que já começava a estourar no mundo estourou por aqui em março de 2020: o novo coronavírus.

LIÇÕES DO CAPÍTULO 6

» Saber negociar é a melhor forma de reduzir custos.
» Em uma negociação, ganha aquele que tiver mais informações e aquele que souber ouvir melhor. Faça perguntas abertas e provavelmente seu interlocutor vai lhe entregar muito mais informações do que a resposta inicial que você estava procurando.
» Suas atitudes comunicam mais do que suas palavras.
» Seja humilde e respeite todos a sua volta, mas saiba apresentar suas credenciais quando (e se) for necessário para também ser respeitado.
» Estamos sendo avaliados constantemente e novas oportunidades de negócios nem sempre são tão claras assim. Dê o seu melhor nas interações com os clientes, em eventos de trabalho, feiras da área em que a empresa atua etc.

Estar disponível para seu cliente sempre que ele quiser, demonstrar agilidade e, principalmente, vontade de fechar negócios são algumas atitudes que fazem, sim, muita diferença.

Capítulo 7
A oportunidade pode aparecer até nos piores momentos

Eduardo Cosomano

A ideia de que crise é oportunidade é um conceito repetido tão exaustivamente no ambiente corporativo que pode soar como um clichê, um papo-furado, e cair na descrença. Além disso, para determinadas pessoas, essa máxima transparece um certo ar de oportunismo, como alguém que, bem-posicionado, se aproveita da desgraça alheia para fazer dinheiro.

É preciso avaliar os fatos com calma.

Primeiro, o óbvio: tem oportunista e falastrão em todo lugar. Aproveitadores existem, causam estragos, mas não são a maioria. Logo, não faz sentido permitir que essas pessoas nos convençam de que aquele que encontra oportunidades em meio à crise é sempre um oportunista, porque isso simplesmente não é verdade.

No Dicionário Aurélio, a palavra crise é definida como "conjuntura socioeconômica problemática, desequilíbrio entre bens de produção e de consumo, normalmente definida pelo aumento dos preços, pelo excesso de desemprego, de falências: crise econômica" ou como "mudança brusca produzida no estado de um doente, causada pela luta entre o agente agressor e os mecanismos de defesa".[43]

Ambas as definições indicam problemas graves e difíceis de serem resolvidos. E problema é demanda não resolvida, portanto, precisa de

---

[43] CRISE. *In*: FERREIRA, A. B. H. **Novo Aurélio século XXI**. Dicionário da Língua Portuguesa. Rio de Janeiro: Nova Fronteira, 1999. p. 581.

solução. Um remédio pode ser uma solução para um problema de saúde. Não se trata de forçar a barra ou de emprestar um otimismo cínico a uma situação de caos. Mas também não há espaço para demagogia. Alguém precisa viabilizar economicamente essa solução, senão o estado de crise se agrava: no paciente, na empresa, na sociedade. E uma crise gera falência, desemprego, pobreza e até mortes. Se resolver problemas é trazer uma solução, logo, atender a uma demanda é resolver uma crise.

Considerando, então, a crise como um grande conjunto de problemas que afetam um grande grupo de pessoas – seja em uma empresa, seja na sociedade de uma forma geral – e afastada qualquer resistência à ideia de que um problema é uma demanda não resolvida, subentende-se que em tempos de crise há uma demanda grande, aquecida e sedenta pela solução – pessoas que precisam que aqueles problemas sejam resolvidos de maneira eficiente e urgente. Desse modo, é razoável concluir que a ausência de originalidade da expressão não anula sua veracidade: de fato, crise é oportunidade.

Entretanto, para resolver um problema complexo, ou um problema em um ambiente complexo, é preciso trabalho árduo, dedicação e muita criatividade. Só que crises criam ambiente de pressão e nem todos reagem de maneira positiva nesse tipo de lugar. Tem gente que se retrai, tem gente que surta, tem gente que cria. Aí é que está o centro da questão.

O publicitário Carlos Domingos reuniu uma série de casos de empresas que fizeram do limão uma limonada nos dois livros intitulados *Oportunidades disfarçadas: histórias reais de empresas que transformaram problemas em grandes oportunidades*.[44] O primeiro volume é de 2009 e o segundo foi lançado em 2019, ambos pela Editora Sextante. Valem muito a leitura.

É curioso como a atemporalidade de alguns casos comprova a teoria. "Minha experiência na Xerox me ensinou que a crise é um motivador muito poderoso. Ela nos força a fazer escolhas que provavelmente não

---

[44] DOMINGOS, C. **Oportunidades disfarçadas**. Rio de Janeiro: Sextante, 2009.
DOMINGOS, C. **Oportunidades disfarçadas 2**. Rio de Janeiro: Sextante, 2019.

faríamos em outras circunstâncias", afirmou Anne Mulcahy, executiva que assumiu a direção da Xerox, em 2001.[45] Nessa época, as dívidas da companhia ultrapassavam 17 bilhões de dólares. Anos depois, a empresa voltaria à liderança do mercado.

Transporte a frase "Ela (a crise) nos força a fazer escolhas que provavelmente não faríamos em outras circunstâncias" para vinte anos mais tarde. Por mais que o mercado inteiro já falasse em transformação digital desde 2017, 2018, foi na pandemia da covid-19 que, sem alternativa, as empresas se reinventaram e deram seu jeito. O isolamento social levou companhias do mundo todo e de diversos portes a viabilizarem o *home office*, até então visto como um grande tabu. O e-commerce bateu recordes de venda[46] e até pequenos varejistas viram nas vendas on-line uma saída para salvar o seu negócio. Nesse contexto, startups e empresas que oferecem soluções tecnológicas nunca receberam tanto investimento na história do país, mesmo em meio à maior crise econômica do século.[47]

Portanto, não se trata de ser oportunista ou de repetir um clichê. A crise apresenta um ambiente complexo repleto de problemas. É um cenário de demanda quente, e quem colaborar para a solução vai ganhar dinheiro.

Guilherme Juliani

A pandemia da covid-19 que assolou o mundo a partir de dezembro de 2019 – e o Brasil a partir de março de 2020 – é uma tragédia sem precedentes na história recente, de modo que não há um lado positivo

---

45 DOMINGOS, C. op. cit., 2009. p. 13.
46 E-COMMERCE no Brasil bate recorde e atinge R$ 53 bi em vendas no 1º semestre. **InfoMoney**, 11 ago. 2021. Disponível em: https://www.infomoney.com.br/consumo/e-commerce--no-brasil-bate-recorde-e-atinge-r-53-bi-em-vendas-no-1o-semestre/. Acesso em: 12 jul. 2022.
47 FONSECA, M. Investimento em startups brasileiras bate recorde e passa dos R$ 33 bilhões em 2021. **InfoMoney**, 5 out. 2021. Disponível em: https://www.infomoney.com.br/do-zero-ao-topo/investimento-em-startups-brasileiras-bate-recorde-e-passa-dos-r-33-bilhoes-em-2021/. Acesso em: 12 jul. 2022.

em um cenário como esse. Posto isso, o mundo buscou maneiras de seguir funcionando, simplesmente porque isso tinha que ser feito. Sem rodeios, as pessoas precisavam dar um jeito de manter a sua economia particular rodando de alguma forma. De maneira geral, todo mundo ficou um pouco paralisado, mas depois começou a agir.

Um fato que ocorreu em decorrência da pandemia foi o fechamento geral de comércios considerados não essenciais, sob a diretriz de evitar ao máximo o contágio. No entanto, meses depois desse fechamento, aconteceu um movimento inesperado: os consumidores de várias áreas migraram para e-commerces de diversos segmentos. Muitos negócios direta ou indiretamente ligados a esse movimento cresceram exponencialmente nesse período: marketing digital, criadores de sites, programadores em geral e também as empresas de logística. Afinal, se vende, tem que entregar.

Só que uma coisa é surgir a oportunidade, outra é você estar pronto quando ela surge. As nossas empresas não estavam totalmente prontas, mas nós, pessoalmente, estávamos e, mais importante do que isso, estávamos previamente organizados para abraçarmos esse crescimento. E foi isso que fizemos. Desse modo, os anos de 2020 e 2021 foram catalisadores de todas as nossas mudanças e o negócio expandiu rapidamente. Em outras palavras, surgiu uma demanda exponencial reprimida e soubemos o que fazer com ela. Basta olhar para o faturamento: 254 milhões em 2019; 388 milhões em 2020, 804 milhões de reais em 2021 e projeção de 1,1 bilhão para 2022.

Evidentemente, as coisas não aconteceram de maneira linear.

De fevereiro a maio de 2020, nosso volume despencou verticalmente, o que aconteceu invariavelmente com quase todos os negócios nesse período. Não me lembro de uma queda tão grave, foi uma coisa realmente assustadora. Mas, nesse caso, sabíamos que não era uma crise nossa, havia um sentimento de desespero e falta de perspectiva crescente na sociedade como um todo. As pessoas estavam perplexas, algumas até em choque, foi uma sensação coletiva muito estranha.

Eduardo Cosomano

Eu havia me mudado fazia poucos meses para um apartamento na Praça da Árvore, na Zona Sul de São Paulo, estava recém-separado do meu primeiro casamento. Isso era fim de 2019, começo de 2020. Meu apartamento ficava no 15º andar e meu cachorro, o Moisés, um vira-lata com cara de rottweiler, simplesmente não fazia suas necessidades ali de jeito algum. Então, eu tinha que descer sempre com ele pelo menos duas vezes por dia. Mas o que já era um desconforto se tornou um problema grave no início da pandemia, uma vez que a recomendação expressa das autoridades era não sair de casa sob nenhuma justificativa. Fiquei apavorado com as notícias sobre a doença, deixava a TV ligada o tempo todo, acompanhava todos os boletins. Aquilo foi me gerando um misto de ansiedade e compulsão. Mas, ainda que me fizesse mal, eu continuava assistindo sob a premissa de me manter informado. Nessa batida, na minha cabeça levar o meu cachorro para fazer cocô na rua se tornou quase que uma contravenção. Eu sentia culpa e medo por gestos banais, como encostar na porta do elevador. Mas o Moisés precisava ir ao banheiro, então eu ia.

Nas minhas andanças com ele pela rua completamente vazia, além do choque pelo cenário digno de série de zumbis, presenciei uma cena muito forte: uma senhora, que devia ter em torno dos seus sessenta e poucos anos, saindo de um prédio, empurrou o portão com o cotovelo, provavelmente com medo de encostar as mãos nele e se contaminar. Só que o portão era daqueles com mola, que voltam sozinho, com força. E foi exatamente isso que aconteceu: o portão voltou sozinho, com força, e bateu com tudo no rosto da mulher, uma vez que ela não pôs as mãos para se proteger. Ela sangrou bastante, estava desacorçoada e começou a chorar, meio que em pânico. O porteiro a socorreu, interfonou para os familiares e ela aparentemente ficou bem.

Depois desse episódio, dei um tempo na televisão e comecei a me concentrar mais nos meus afazeres ou em notícias mais relacionadas ao meu negócio, uma vez que eu trabalho com notícias dos meus clientes. Continuei lendo e escrevendo temas relacionados à covid-19, mas quebrei o movimento de compulsão por novas informações sobre a pandemia. Comecei a gastar mais tempo cozinhando, vendo vídeos engraçados, lendo livros e passeando com o Moisés. Não se trata de negar a realidade, mas a minha saúde mental tinha ficado bem comprometida, e esse era um problema tão real e urgente quanto o novo coronavírus, ao menos pra mim.

O que ficou na minha mente foi esse pânico de não encostar em nada, de não me aproximar de ninguém, de não sair de casa de jeito nenhum sob nenhuma justificativa, de um ser humano ou uma maçaneta ser um "agente da morte em potencial". Foi uma fase muito triste e assustadora.

Guilherme Juliani

Os incentivos do Governo Federal, suspendendo temporariamente a cobrança dos impostos federais, aliviaram, mas o mercado não melhorava. Nesse período, recebemos três cancelamentos de contratos de clientes da nossa lista Top 10, entre eles a nossa maior conta, que simplesmente tinha diminuído seu volume em 90% e avisou que o zeraria em mais três meses. Uma porrada atrás da outra.

A sensação era horrível. Toda vez que o telefone tocava eu tinha a impressão de que seria mais uma notícia-bomba. E infelizmente quase sempre era. Lembro bem de sentir aquele frio na espinha quando ouvia o som do WhatsApp às 22 horas. Por um tempo, tinha até medo de abrir e-mails e ter que encarar mais uma possível notícia de queda de faturamento de mais um cliente. No fim de semana era ainda pior, já que eu não poderia fazer quase nada até segunda-feira.

Por três meses, nós falávamos quase diariamente com os clientes e eu tinha uma agenda de chamadas de vídeo com no mínimo sete clientes por dia. E quase todas as conversas resultavam na notícia de que eles estavam reduzindo a produção por cautela. Nós olhávamos o volume o tempo todo e nas comparações diárias com períodos anteriores tudo o que se via era o gráfico indo para baixo.

Quem se lembra bem do começo da pandemia, quando todos estavam efetivamente trancados em casa, vendo notícias de mortes e mais mortes, assistindo ao fechamento do comércio e previsões catastróficas da economia vai recordar que todos tínhamos uma insegurança absurda sobre a continuidade das atividades comerciais e a manutenção do emprego. Em tempos assim, todas as empresas entram no modo de cautela extrema e seguram seus orçamentos ao máximo. Isso freou a atividade econômica no mundo todo. Adicionalmente a isso, por redução de custos, três dos nossos maiores contratos que já haviam reduzido suas entregas significativamente ainda nos trocaram por concorrentes mais baratos. Ninguém tinha a menor ideia do que aconteceria. Mas começamos a pensar em como reagir.

Já falei bastante sobre a crise como um momento propício a mudanças, mas o caso da covid-19 foi extremamente profundo. Foi uma situação em que conseguimos aprofundar o vínculo com nossos colaboradores. A primeira questão é que somos uma empresa de um setor essencial, então tínhamos que trabalhar presencialmente. Decerto que adotamos home office para os departamentos possíveis, mas a logística em si acontece nos galpões e na rua. E, por isso, fizemos diversas ações e investimentos que consideramos obrigatórios para aumentar o nível de segurança dos nossos funcionários.

Compramos túneis de desinfecção nos primeiros dias, expandimos consideravelmente as equipes de limpeza para reduzir a chance de contágio entre pessoas, reduzimos os turnos para evitar o contato entre pessoas de equipes diferentes, realizamos o afastamento preventivo de cerca de 15% do nosso quadro de colaboradores – não só os considerados grupo de risco, como também mães com filhos pequenos –, além de realizar campanhas intensas de comunicação e marketing voltadas à conscientização do nosso time. Não fizemos mais do que a nossa obrigação, mas realmente foi muito difícil adaptar tudo em um curtíssimo espaço de tempo e com o faturamento despencando e as despesas acelerando para suportar todo o investimento extra em segurança sanitária.

No entanto, a resposta que a equipe nos deu foi surpreendente. Rolou uma conexão mútua naquele momento. Nós sempre confiamos no comprometimento e na dedicação das pessoas do nosso time, mas naquele período foi algo além. As pessoas perceberam que a empresa estava realmente preocupada com a saúde e o bem-estar de todos e a resposta foi absolutamente emocionante. As pessoas estavam determinadas a não deixar a peteca cair, a dar um jeito, a encontrar uma solução, ainda que sentissem medo. Elas cuidavam da segurança umas das outras, o senso de companheirismo aflorou de um jeito muito bonito e intenso, a empresa começou a reagir. O conceito de "vestir a camisa" nunca foi tão bem explicado pra mim. Foi fantástico e aquela energia começou a provocar uma reação.

Abaixo um dos diversos e-mails que enviamos para toda a empresa durante a crise:

"Hora de olhar para a frente"

Sem dúvidas, o coronavírus e a consequente crise que ele trouxe nos pegaram de surpresa, e teremos um preço alto a pagar com desemprego, queda de faturamento e, segundo analistas, possivelmente uma recessão.

Apesar das dificuldades, percebo que muitas empresas estão fazendo sua parte, seja com doações, seja com trabalhos de conscientização, seja mantendo alguns serviços essenciais funcionando.

E é exatamente sobre isso que quero falar: é hora de olhar para a frente. Não é resolutivo gastar nosso tempo julgando quem está certo ou errado política ou economicamente. É óbvio que decisões políticas e econômicas macro podem ser agentes facilitadores ou complicadores e que, sim, todos têm o direito de se manifestar. Mas o fato é que não controlamos essa parte do processo e, portanto, é ineficiente se concentrar nisso agora. Mais do que isso: há uma grave crise com a qual lidar e precisamos concentrar nossas energias nela.

É necessário nos reinventarmos e investirmos em soluções para a crise com aquilo que está ao nosso alcance. Apesar de ser um período difícil para as indústrias, os comércios e serviços, especialistas destacam que a criatividade pode salvar os negócios. O momento também pode ser importante para buscarmos capacitação em áreas específicas.

Quando a situação melhorar – e ela vai melhorar em algum momento –, os empresários e empreendedores que se planejaram de maneira estratégica estarão mais bem posicionados, sairão na frente e vão se reerguer mais rapidamente. Mais do que nunca, é necessário avaliar o mercado, identificar oportunidades, cuidar das pessoas e, assim, manter o crescimento.

Toda crise gera novas necessidades e isso já está sendo transformado em novas demandas. Nossa missão é descobri-las com criatividade, inteligência e, a partir daí, estabelecer um bom plano de ação, com foco no que temos agora e nas oportunidades que poderão aparecer no mercado.

Seja proativo, crie tecnologias, inovações, melhore seus processos e promova otimizações que tragam redução de custos e façam os negócios pagarem a conta que o covid-19 vai deixar. O que temos que fazer é arregaçar as mangas e pensar estrategicamente, promovendo as mudanças que estão ao nosso alcance. Ficar olhando para trás e reclamando não vai mudar.

Não existe o "se" no mundo dos negócios. É tempo de olhar para o que temos em mãos e promover a mudança de que precisamos. É tempo de olhar para a frente e não apenas lidar com o problema, mas participar da solução e crescer com ele.

Eu acredito que fazendo o bem atraímos pessoas com a mesma sintonia. Acerca desse assunto, creio que seja relevante fazer uma observação: o nosso lado social nos trouxe justamente o único contrato que cresceu absurdamente durante esses três primeiros meses da pandemia e praticamente salvou o nosso grupo de empresas.

OUVIR, AGIR E ENCANTAR

A questão social é um alicerce importante em nossas empresas – me orgulho em dizer, desde sempre. Quando eu vim trabalhar na Flash, em 2004, já existia um auxílio de cestas básicas que eram entregues para um lar de idosos. Com o tempo, ampliamos esses programas e, mesmo durante todas as crises pelas quais passamos, nunca cortamos essas ajudas. Hoje, nossas ações sociais impactam aproximadamente 3.500 pessoas em todo o Brasil – pode parecer pouco, mas é mais de 50% do total de pessoas que trabalham direta e indiretamente com o nosso grupo de empresas. Claro que, quando se atravessa um período mais amargo, que rende a demissão de quase uma centena de pessoas; a possibilidade de cortar as doações vem à tona. Também aconteceu dessa vez, mas, felizmente, na hora H, nunca tivemos coragem de fazer isso.

Sem demagogia, acreditamos que as pessoas que trabalham aqui, de certa forma, sentem-se bem ao saber que o trabalho delas contribui para a sociedade de maneira generosa. Além disso, sei que vivemos em um país desigual e que, na outra ponta, tem gente que literalmente não come se algum polo doador vier a faltar. Uma empresa não é só um CNPJ, ela é como um organismo vivendo em um ecossistema, ou seja, seu ambiente precisa ser positivo para que você tenha saúde. E, se nosso governo não faz a parte dele, temos que fazer a nossa e a dele.

Feita a observação, voltemos para o contexto. Por causa do lockdown, milhares de crianças que tinham sua única refeição boa nas escolas públicas foram privadas desse benefício. Para minimizar esse impacto, a Prefeitura de São Paulo queria enviar um cartão de benefício com valor de 70 reais para que essas famílias pudessem alimentar suas crianças. Essa ação foi seguida por diversas outras prefeituras em todo país.

Juntamente com a Alelo, e até mesmo com a ajuda da Força Aérea Brasileira, nós montamos uma megaoperação para fabricar os milhares de cartões com a Jall, fazer os envios usando os aviões da FAB e distribuí-los através da Flash Courier. Nesse período, as companhias aéreas cortaram 90% de todos os voos, estradas estavam fechadas e havia restrições de circulação em vários locais, ou seja, sem a ajuda da FAB e das Secretarias de Saúde, seria impossível colocar tudo isso em prática. Essa ação, junto com outras, como a distribuição de vacinas da gripe feitas pela nossa franquia de Porto Alegre, trouxe um volume de entregas que praticamente nos salvou, estancando nossa queda. E assim as coisas começaram a melhorar.

Os três meses de queda foram seguidos por um crescimento acelerado. Na prática, as experiências físicas foram limitadíssimas e os mercados seguiram funcionando de maneira on-line. Uma das vertentes que mais registraram crescimento foi o e-commerce. Segundo dados do estudo Webshoppers (Ebit/Nielsen & Bexs Banco), o faturamento da compra e venda de produtos pela internet cresceu 41% em 2020, com mais de 194 milhões de pedidos feitos por consumidores brasileiros no ano e as vendas somando cerca de 87,4 bilhões de reais no período.[48] Até então o nosso grupo tinha uma baixíssima penetração no mercado de comércios on-line, mas, durante esses primeiros meses da covid-19, nós investimos muito em novos processos, novas tecnologias e aprendemos o suficiente para poder abraçar uma boa fatia desse novo movimento.

Esse forte crescimento também chegou nas empresas do nosso grupo. Em 2020, registramos 388 milhões de reais em faturamento anual, um montante até então impensável para nós. Em 2021, fomos ainda mais longe, alcançando um faturamento de mais de 804 milhões de reais. Para atingir esse valor, ao longo desses dois anos, usamos toda a nossa estrutura em sua capacidade máxima e colocamos em prática toda a gama de serviços possíveis no setor logístico, mantendo

---

[48] LOTUFO, E. Faturamento das vendas online cresce 41% no Brasil em 2020; veja 5 tendências vencedoras. **InfoMoney**, 25 mar. 2021. Disponível em: https://www.infomoney.com.br/negocios/faturamento-das-vendas-online-cresce-41-no-brasil-em-2020-veja-5-tendencias-vencedoras/. Acesso em: 12 jul. 2022.

nosso foco no mercado bancário para não perder espaço no terreno já conquistado e colocando muita energia no mercado do e-commerce.

Melhoramos nosso sistema de *same day delivery* (entrega no mesmo dia) e começamos um serviço de entrega rápida em até três horas, chamado *ship from store*. Para isso, expandimos o escopo das nossas 249 franquias, que também se transformaram em pontos de armazenagem, retirada, coleta e logística reversa, de modo a permitir a expedição e a entrega dos produtos dos nossos clientes no mesmo dia em todas as capitais brasileiras. Também investimos nos modelos de *lockers*, que são armários dedicados ao armazenamento de compras para retirada do cliente final. Enfim, pesquisávamos tudo o que víamos acontecendo no mercado asiático dentro do universo de entregas e transporte, e começávamos a testar rapidamente.

Eduardo Cosomano

"Quando você vai entrar em um mercado muito forte, como o e-commerce, por exemplo, precisa descobrir brechas. A entrega no modelo *next day*, que envolve *fulfillment*, tinha bastante gente fazendo muito bem. Mas uma coisa que descobrimos é que havia uma necessidade de entrega na hora, o *ship from store*, a entrega direto da loja. Essa coisa do tiro rápido, de entrega em até três horas, nós ficamos muito bons nisso. E isso atraiu clientes pesados", detalha Andrez.

Mas nem sempre a ideia original parte de alguém da empresa. Como já foi dito pelo Guilherme anteriormente, a melhor maneira de persuadir é com os ouvidos. Nesse contexto, Andrez explica que, nesse período, muitas soluções foram construídas a quatro mãos. "Tinha um cliente nosso, por exemplo, que precisava de um determinado serviço, mas a gente não sabia fazer, não sabia nem por onde começar. Comecei a perguntar se ele queria desenvolver em parceria, em troca de alguma exclusividade, alguma vantagem, coisa assim. Então, tem muitos casos em que o cliente é que nos diz o que fazer, às vezes até como fazer. Um ambiente informal, de confiança, gera esse tipo de troca."

Outro ponto destacado pelo diretor de operações é a capilaridade. "O Brasil tem 5.568 municípios, compostos por uma infinidade de bairros. Uma coisa é você falar que atende a cidade, mas só atende o centro. A outra é você atender a cidade mesmo, todas as ruas. Então, se nosso propósito era escalar com qualidade, não adiantava pegar as encomendas dos nossos clientes e colocar no correio, porque os Correios têm suas dificuldades. Nós tínhamos que garantir as entregas. Então começamos a conversar com as franquias para ter certeza de que elas cobririam esses CEPs. Se elas não o fizessem, buscaríamos parceiros. Levou quase dois anos para preencher a lacuna dos CEPs. Mas, no momento da crise, nós estávamos prontos."

Guilherme Juliani

Àquela altura, o mercado brasileiro já contava com empresas focadas em *lockers*, outras em pontos de retirada, outras em logística reversa para devolução de produtos, outras em *clearing* de base de dados para acertar o endereçamento e cadastro dos compradores, e assim por diante. Mas não existia, no mercado interno, uma empresa de logística que conseguisse oferecer todas essas modalidades sem depender amplamente de terceirização e em uma única plataforma de serviços, desde o recebimento das mercadorias em um centro de distribuição até a entrega, o que é conhecido atualmente como *full commerce* (o que, em português, significa algo como serviços completos para e-commerces). Nossa empresa se desenvolveu muito nessa linha e hoje é evidente que os maiores e-commerces do Brasil e do mundo perceberam que vale muito mais ter um único operador que possa fornecer todos os serviços que seus clientes querem e com a qualidade que eles merecem e sem depender amplamente de terceirização.

Evidentemente, a expansão de escopo e dos serviços promoveu um crescimento absurdo no volume de entregas: saltamos de 31 milhões de postagens em 2019 para 50 milhões em 2020 e impensáveis 106 milhões em 2021. Dobramos em dois anos, mais que triplicamos em três. Na história do grupo, nunca apresentamos resultados tão expressivos quanto os que alcançamos em 2020 e 2021.

Mas o pepino operacional gerado por esse aumento exponencial na demanda foi gigantesco. Resumidamente, durante quase vinte e sete anos a empresa se especializou e criou uma malha logística fantástica para distribuição de cartões de banco, que viajam em pequenos envelopes de aproximadamente 100 gramas. Esteiras, armazéns, processos, fluxos, tudo voltado para um determinado produto, de determinado tamanho e peso. Então, praticamente do dia para a noite tivemos que transformar uma empresa com mais de vinte anos de mercado e feita para um propósito único em outra que funcionasse tão bem quanto em diversos outros ramos de negócios. Foi como transformar a Kodak em uma empresa de celulares em vez de fotografia no início dos anos 2000. Foi uma loucura.

Por mais que estivéssemos nos planejando ao longo dos anos para uma forte expansão, tudo aconteceu muito rápido e de modo inesperado. E é claro que tivemos que nos virar nos trinta para conseguir dar conta da demanda que surgiu – e que nós mesmos criamos. Nunca a palavra inovação fez tanto sentido para nós.

Outro fato importante é que nessa ocasião as pessoas estavam mais propensas a mudanças. Em princípio, é preciso diferenciar as crises em níveis: o primeiro é uma crise da sua empresa; o segundo é uma crise que afeta o mercado como um todo, inclusive sua empresa. No primeiro caso, mudanças internas podem sanar a questão. Já crises mais profundas, como a do novo coronavírus, exigem um posicionamento mais estratégico. Isso porque não é só o seu tabuleiro que virou – todos os outros tabuleiros viraram. E talvez a regra do jogo mude completamente. É muito complexo. Por essa razão, crises gerais profundas, que afetam a todos, podem "liberar" os investimentos transformacionais.

Esses investimentos transformacionais são normalmente extremamente impopulares, arriscados e muito difíceis de serem aprovados nas organizações. Mas, nesses momentos, todos estão mais predispostos aos riscos e decisões incertas porque sabem que algo iminentemente ruim pode acontecer se ninguém fizer nada. Diria até que certas coisas só podem ser feitas nessas situações.

Nos primeiros meses da crise da covid-19, cortamos na carne algumas despesas, chegando até mesmo a fazer 107 demissões em um único dia, sem saber se isso seria suficiente para salvar a empresa.

Por outro lado, mantivemos os investimentos na implementação dos robôs e da esteira, uma vez que acreditávamos que, estando em operação, essas soluções colocariam nossa empresa em outro patamar, transformando-se na porta de saída da crise. E isso de fato aconteceu. Também reestruturamos salários, mas implementamos metas agressivas condicionadas a bônus agressivos, um ganha-ganha. Olhando para trás, hoje as decisões parecem óbvias e coerentes, mas no meio da crise e com grande receio de uma possível falência caso aquele cenário se estendesse por muito mais tempo, fazer investimentos gigantescos na compra das novas esteiras e AGVs, além de viabilizar a construção de uma nova sede para abraçar uma possível retomada de volume, nos exigiu um grau de coragem e apetite para o risco a ponto de eu ficar sem dormir por quase seis meses.

A parte boa disso tudo foi que, quando o mercado começou a melhorar, nós estávamos com capacidade produtiva muito elevada. Ou seja, quando houve o famoso V na curva de queda e a demanda voltou com força, nós tínhamos maquinário novo e uma potência de recursos humanos. Nós estávamos realmente prontos para um crescimento de 100%. Quando veio a virada de cenário, em meados de maio de 2020, também direcionamos boa parte dos nossos recursos para as operações de e-commerce, setor que até então não tinha grande relevância em nosso volume de negócios. No entanto, a crise abriu uma oportunidade nesse segmento, e foi exatamente ele que nos proporcionou um crescimento significativo nos anos de 2020 e 2021.

Tudo isso projetou a nossa imagem de tal maneira que hoje até mesmo as áreas de *compliance* de alguns clientes consideram que não há riscos na manutenção total das operações em nossas empresas (um único fornecedor). A percepção de agora sobre o nosso grupo é que somos uma das maiores empresas de logística do Brasil e efetivamente estamos com estrutura, time e máquinas para assumir essa posição.

INOVAÇÃO RESOLVE PROBLEMAS COMPLEXOS, MUITAS VEZES DE UM JEITO SIMPLES

Eduardo Cosomano

Há poucas palavras tão presentes no vocabulário do mundo dos negócios atualmente como inovação. A urgência por oferecer soluções novas a problemas antigos tornou-se um predicado de quase toda empresa que busca visibilidade, valor social e, é claro, condições de atrair clientes e investidores. Porém, o foco em arquitetar soluções cada vez mais sofisticadas, com o auxílio precioso das novas tecnologias, oculta a compreensão de que a inovação, na verdade, pode ser algo simples, prático e descomplicado.

Ariano Suassuna, gênio da literatura brasileira, em suas palestras costumava fazer um elogio entusiasmado ao prendedor de roupa. Com seu humor fanfarrão, ele erguia o pequeno objeto, o descrevia e o louvava exatamente porque duas lascas polidas de madeira unidas por um metal conseguem conciliar simplicidade e eficiência. Ele fazia isso para ilustrar a criatividade humana, mas também porque o utensílio doméstico é um bom exemplo de uma solução engenhosa, criativa e pouco dispendiosa para lidar com uma tarefa corriqueira, mas estressante, como estender roupas no varal.[49]

O prendedor também nos permite ver as múltiplas formas como lidamos com a tecnologia para resolver problemas. A tecnologia, afinal, não

---

[49] O PREGADOR e a evolução de Darwin. Vídeo (1min53s). Publicado pelo canal Mike Moore. Disponível em: https://www.youtube.com/watch?v=AN8RZQ7YeeU. Acesso em: 12 jul. 2022.

se trata apenas de sistemas complexos, universos feitos a partir de realidade aumentada, drones ou inteligências artificiais, mas de mecanismos diversos utilizados pelas pessoas para seu próprio desenvolvimento.

Bem, não foi exatamente um prendedor de roupas que resolveu o problema que caiu no colo do Gilmar no fim do ano de 2020. Mas, de fato, uma encrenca daquelas foi resolvida com sacadas muito simples. Acredite ou não, quase 300 mil entregas que poderiam atrasar foram resolvidas com algumas impressoras e celulares.

O gerente operacional da Flash Courier e da Moove+ conta que as empresas alcançaram o ápice de volume de entregas até aquele momento, e isso foi muito rápido. "Saltamos de 3 milhões de entregas para 5 milhões em um mês, nossa operação quase dobrou em um curto espaço de tempo e, naquele momento, não demos conta, colapsou. Em quatro dias, começou a acumular paletes, com 70, 100 mil entregas. Chegava, mas a saída tinha ficado mais lenta e milhares poderiam atrasar lá dentro do galpão. Não tínhamos ideia das causas dos problemas, então não sabíamos nem por onde começar a resolver. E isso começou a dar muito problema com os clientes, claro", relembra.[50]

Decidiu-se então que os gerentes de todas as áreas iriam se dividir em três turnos para observar a operação vinte e quatro horas por dia até descobrirem meios e maneiras de entender onde estava o problema. Tinha gente da controladoria, recursos humanos, tecnologia. Cada um cuidando de um quadrado do galpão. A ideia era literalmente ver as pessoas da operação trabalhando para encontrar as falhas e só depois agir.

Em poucos dias, chegou-se a duas conclusões.

"Todas as encomendas precisam ser acompanhadas de um aviso de recebimento impresso. Mas só havia duas impressoras na ponta do galpão, então o operador responsável pegava a encomenda na saída da esteira, e a levava com ele até a impressora. Primeiro, que

---

[50] Entrevista realizada em 21 dez. 2022.

o tempo que se perdia era imenso. E não eram raras as vezes em que o operador era parado por alguém no meio do caminho e simplesmente voltava sem o AR impresso ou esquecia a encomenda no meio do caminho. Então, instalamos quase cinquenta impressoras e a quantidade de encomendas atrasadas diminuiu drasticamente já no outro dia", detalha Gilmar.

A outra inovação foi a junção dos processos de roteirização e blocagem. "Basicamente, a esteira em operação tinha cem saídas, e cada saída representa uma franquia. Só que a nossa malha já tinha 249 franquias; logo, faltavam 149 saídas, e nós separávamos algumas saídas que concentravam umas vinte franquias cada, as de menor fluxo. Quando o produto caía nessa saída, a separação por franquias (roteirização) e a blocagem (conferência de registro, leitura do código e envio) eram dois processos separados e manuais. Isso gerava atraso e algumas encomendas perdiam o prazo, de modo que constatamos o óbvio: a mesma pessoa que separava (roteirizava) podia já registrar e enviar (blocagem), bastava que ela tivesse um celular na mão para fazer isso. Hoje, tudo é automatizado, mas naquele dezembro, resumidamente, resolvemos aquela situação caótica com celulares e impressoras", relembra.

Mais adiante, na virada de 2021 para 2022, um novo desafio surgiu para Gilmar, mas dessa vez foi preciso recorrer à tecnologia de ponta. "Tínhamos os AGVs disponíveis, mas precisávamos fazer alguns ajustes e integrações para colocá-los na direção de otimizar nossas operações", diz ele. De acordo com o especialista, um dos gargalos naquele momento era a distribuição das encomendas por saída de uma forma mais inteligente, uma vez que, além do aumento exponencial de entregas, registrou-se ainda um crescimento no número de franquias, que saltou de 249 para 350. "Cada saída da esteira representa uma das 350 franquias, mas qual franquia movimentará mais ou menos naquela semana? Era possível prever para distribuir os robôs da melhor forma? De que carga estamos falando? Como não sobrecarregar os AGVs – e consequentemente travar a operação –, mas utilizar os robôs para aumentar a produtividade? Não se tratava apenas de ligar os AGVs, eles precisavam ser integrados ao nosso contexto operacional."

A partir daí, o departamento de Gilmar passou a trabalhar integrado ao time de telemetria da empresa, que desenvolveu uma automação robótica de processos (Robotic Process Automation – RPA). Na prática, a inteligência artificial realiza análises preditivas capazes de quantificar a quantidade de encomendas previstas para cada franquia naquela semana, de modo a direcionar e distribuir os AGVs pelas quatorze ruas da operação do galpão de maneira mais assertiva. Cada um deles passou a realizar 5.600 encomendas por hora. Em um mês, saltamos de 65 mil para 100 mil entregas, um crescimento de quase 35%.

Guilherme Juliani

Os anos de 2020 e 2021 foram divisores de água dentro das nossas empresas e muita coisa teve de ser modernizada, melhorada, eliminada ou construída do absoluto zero. Foram tantas mudanças em tantas áreas que seria impossível descrever todas. Mas algumas são fundamentalmente importantes e precisam ser citadas: dados, atendimento ao cliente, operações, marketing, recursos humanos e cultura. Na prática, entretanto, a revolução dos dados abarca boa parte dos aperfeiçoamentos no atendimento ao cliente e nas operações, enquanto a mudança cultural contempla o marketing e os recursos humanos. Vamos abordar uma a uma.

O uso de dados representou uma verdadeira revolução na frente de atendimento ao cliente. Como dito antes, uma maneira de nos aproximar dos clientes foi criar uma apresentação com os indicadores que faziam sentido para eles, que lhes davam a percepção de controle da operação e que também nos possibilitavam otimizar nosso próprio desempenho.

Apesar de grande parte das empresas verbalizar o uso de dados em suas tomadas de decisão, a verdade é que poucas realmente o fazem na prática. De acordo com um estudo[51] realizado pela YouGov a pedido da Tableau, empresa de inteligência de dados da Salesforce, apenas 19% dos líderes brasileiros dizem que todos os seus funcionários usam dados nas tomadas de decisão. Por outro lado, a pandemia priorizou análise de dados para 79% dos líderes brasileiros entrevistados. Na média mundial, 55% dos executivos atribuíram a mesma relevância aos dados. Vale acrescentar ainda que 67% dos brasileiros disseram que seus negócios passaram a usar dados com mais frequência desde que a pandemia começou. Para nossa sorte, nós já havíamos implantado o mindset do uso de dados fazia algum tempo e, quando chegamos em 2020 e 2021 e esse recurso se tornou extremamente necessário, a gente já tinha alguns modelos testados e o conceito difundido em toda a equipe, o que foi determinante para a nossa franca expansão.

➡ Eduardo Cosomano

"Entre 2017 e 2018, o Guilherme e o Andrez falaram para mim: vai atrás de uma ferramenta de *Business Intelligence* que a gente precisa mostrar alguns indicadores para os clientes. As informações estão no site, mas eles estão reclamando, não estão amigáveis. Foi assim que a história de *data driven* começou", conta Reginaldo, supervisor da área de telemetria.

O especialista explica que a demanda do cliente pode ser resumida em visibilidade da performance e das razões dos problemas de insucesso de entrega. "Ele quer entender a porcentagem de entrega, de devolução, os motivos mais recorrentes que levaram a essas devoluções. Então a demanda dele dá a diretriz estratégica e nós aplicamos a tecnologia para atendê-lo", detalha.

"A partir daí, direcionamos o uso de *business intelligence* para a operação. Antigamente, o pessoal analisava um caso de insucesso de entrega

---

[51] PADRÃO, M. Um quinto das empresas brasileiras admite ter equipes 100% orientadas por dados. **Canaltech**, 10 nov. 2021. Disponível em: https://canaltech.br/empreendedorismo/um-quinto-das-empresas-brasileiras-admite-ter-equipes-100-orientadas-por-dados-201278/. Acesso em: 12 jul. 2022.

de maneira crua, por exemplo, se entregou ou não. Hoje, nós aprofundamos essas pendências, entendemos por que não conseguimos entregar, se o endereço estava errado, se há outras possibilidades de entrega, se ficou parado em algum lugar. Tudo é rastreado no detalhe; o cliente acompanha em tempo real, do celular dele, e nossa operação também, já que contamos com painéis espalhados pelas unidades da Moove+ e da Flash", acrescenta Reginaldo. "Dessa forma, dados, atendimento ao cliente e operação caminham juntos, de maneira integrada, já que a aplicação de tecnologia e inteligência de dados possibilitou uma enorme redução no volume de insucesso de entregas e no tempo que essas encomendas ficavam perdidas", pontua.

Um exemplo prático dessa integração pode ser visto no projeto de automação do sistema do bigdata, que atualmente é capaz de identificar através dos dados a probabilidade percentual de sucesso de uma entrega antes de ela sair. Caso esse número seja baixo, o sistema já dispara um SMS, e-mail ou mensagem via WhatsApp para o destinatário corrigir o endereço e/ou colocar uma referência.

Guilherme Juliani

Já no que diz respeito à cultura, é importante destacar a necessidade de sempre estar disposto a ouvir o seu time – e essa pode ser uma das tarefas mais difíceis. Primeiro porque alguns líderes podem ter uma dificuldade, ainda que inicial, de aceitar e acatar a ideia do outro. Superado esse obstáculo, ou considerando que ele não existe para algumas pessoas, o outro desafio se refere aos colaboradores. Muitas vezes, eles têm receio de sugerir ou criticar o superior e, quanto melhores forem os resultados da empresa ou do departamento, isso fica ainda mais desafiador. A impressão que eu tenho é que as pessoas acham que o líder vai ter sempre as melhores ideias e cultivam a falsa percepção de que algum projeto em andamento provavelmente é mais importante do que interromper o gestor com os pensamentos delas.

Outro grande desafio das nossas empresas foi a implementação oficial do departamento de marketing, o que ocorreu no fim de 2019, mas que vigorou para valer a partir de 2020 e 2021. Como já falei algumas vezes, esse foi um ponto de resistência muito grande do meu pai, mas felizmente conseguimos convencê-lo. E essa foi uma decisão fundamental para o nosso franco crescimento. Digo isso porque muitas mudanças aconteceram a partir daí, não só da porta para fora, mas da porta para dentro. É incrível como o marketing acaba se fundindo à cultura da empresa e ao atendimento ao cliente, promovendo transformações profundas e interessantes.

Segundo Peter Drucker, considerado o pai da administração moderna, "o objetivo do marketing é tornar supérfluo o esforço de venda. É conhecer e entender o cliente tão bem que o produto ou serviço seja adequado a ele e se venda sozinho. Idealmente, o marketing deveria resultar em um cliente disposto a comprar".[52] Eu acredito que essa frase seja a idealização da eficiência máxima do marketing e nós estávamos nessa batida havia algum tempo, no sentido de desenvolver soluções realmente alinhadas às necessidades reais dos nossos clientes e apresentar resultados constantes e em crescimento expressivo. Mas não estávamos comunicando isso de uma maneira profissional e eficiente, tanto para o público interno, como para o externo. Por isso, a entrada do Gezinei no nosso time foi muito importante.

Muito do que ele trouxe, em um primeiro momento, eu recusei. A algumas coisas, eu tinha verdadeira aversão. Mas, confrontado com as evidências que ele nos mostrava para justificar as próprias propostas, fui testando, e muitas valeram a pena. Um exemplo claro foi aceitar o papel de influenciador digital da marca. Para imaginar o quanto eu rejeitava isso, a minha última postagem no Facebook havia acontecido uns quatro anos antes, meu LinkedIn era extremamente restrito, eu recusava quase todas as conexões e achava que o Instagram era muito

---

[52] DRUCKER, P. *apud*: KOTLER, P.; KELLER, K. L. **Administração de marketing**. 12. ed. Rio de Janeiro: Prentice Hall, 2006. p. 4.

chato! Mas, diante de tanta insistência, resolvi topar, e me surpreendi. Pintaram dezenas de convites para palestras e webinários em empresas, instituições de ensino e congressos. Tudo isso gerou networking e uma série de boas propostas de negócios. Saiu do virtual e virou real.

Outro exemplo de melhoria gerada pelo marketing foi a introdução das lives em nossa rotina, não apenas para o público externo, mas também para o público interno. Basicamente, assim como várias empresas, nós abraçamos o modelo de lives e webinários que ocorreram no lugar de eventos e congressos físicos durante a pandemia. A novidade é que descobrimos que essa era uma excelente ferramenta de comunicação interna com colaboradores e parceiros, especialmente com as nossas 350 franquias espalhadas por todo o país.

Antes da pandemia, gerentes, diretores e supervisores tinham uma agenda intensa de viagens por todo o país para visitar essas franquias, o que custava tempo e dinheiro. O que aprendemos é que as lives possibilitam apresentações extremamente precisas, o compartilhamento de relatórios detalhados em tempo real, a interação profunda com o time – tudo sem deslocamento e com um custo muito menor. Dessa maneira, foi possível aumentar muito a frequência do contato com as franquias, de modo que me sinto seguro em dizer que a integração com as franquias ficou melhor do que era antes. Sinceramente, não acho que o virtual substitua a presença física, o contato olho no olho. Mas é aquela história: tem reunião que poderia ser um e-mail. Na prática, aprendemos que isso é verdade.

E a cada mudança que foi sendo implantada, pelos dados, atendimento ao cliente ou pelo marketing, a nossa cultura interna também foi sendo transformada, moldada, aprimorada e atualizada aos novos tempos. Afinal de contas, novos hábitos formam um novo jeito de pensar e agir e, em grupo, isso forma uma nova cultura.

Só que até o final de 2020 nós ainda éramos um conjunto de empresas, cada uma com seus colaboradores. Apesar da integração entre as equipes e de muitas necessidades em comum, começamos a notar que uma integração mais profunda faria sentido.

LIÇÕES DO CAPÍTULO 7

» Investimentos transformacionais são impopulares, mas, nos momentos de crise, todos estão mais predispostos aos riscos e às decisões incertas porque sabem que algo iminentemente ruim pode acontecer se ninguém fizer nada.
» Os negócios de cunho social geraram o único contrato que cresceu durante os três primeiros meses da pandemia.
» Inovação é encontrar soluções para problemas que atrasam ou inviabilizam a melhor entrega da empresa; às vezes isso acontece por meio de tecnologia complexa, mas muitas vezes pode ocorrer por meio de uma simples reorganização de processos.
» O objetivo do marketing é tornar supérfluo o esforço de venda. É conhecer e entender o cliente tão bem que o produto/serviço seja adequado a ele e assim se venda sozinho.
» Lives e webinários são excelentes ferramentas de comunicação interna.

No que diz respeito à cultura, é importante destacar a necessidade de sempre estar disposto a ouvir o seu time – e essa pode ser uma das tarefas mais difíceis.

Capítulo 8
A importância da integração e da unidade

Eduardo Cosomano

Atualmente, Gezinei, supervisor do departamento de marketing do Grupo MOVE3, comanda um time de sete pessoas, dispõe de uma estrutura considerável para desenvolver ações de comunicação e marketing das empresas do grupo, um bom orçamento sob seu comando e sinal verde da direção para apresentar novas ideias. Mas não foi sempre assim.

"Tive um início de trabalho muito duro, porque eu estava sozinho no setor e ninguém entendia exatamente a proposta do marketing. Havia uma ideia de que se tratava de uma placa pendurada, de um anúncio. Além disso, eu precisava de informações, mas elas eram extremamente difusas aqui dentro. Foi realmente muito desafiador", conta Gezinei.[53]

De acordo com o especialista, outro obstáculo era uma certa sensação de competitividade entre os funcionários das empresas, já que muitas pessoas não se sentiam parte de um mesmo time. "Com certeza existem muitas razões para criação de uma holding, mas, da perspectiva da cultura e do marketing, a unificação como um só time, a sensação de pertencimento, é muito importante." Nesse contexto, Gezinei acredita que o período da pandemia escancarou a necessidade de uma comunicação mais eficiente e uma cultura mais unificada. "Com todas as restrições impostas e um clima de insegurança muito grande,

---

[53] Entrevista realizada em 17 dez. 2021.

a comunicação foi determinante para manter tudo funcionando e em equilíbrio. As pessoas precisaram mais do que nunca de informações e se abriram às novas possibilidades, foram compreendendo o benefício do marketing e da comunicação para elas. Foi um processo de educação interna também."

Guilherme Juliani

Em meados de julho de 2021, comunicamos ao mercado o surgimento do Grupo MOVE3, uma holding que passou a abarcar a Flash Courier, a Moove+, a Moove Portugal, a Jall Card e o M3Bank – uma *fintech* que criamos para centralizar pagamentos para os colaboradores, empréstimos para as franquias, entre outras transações e demandas inerentes às empresas do grupo, o que proporciona maior controle e gerência financeira. Na sequência, essa holding também cresceria para abraçar a nova transformação que está vindo através da nossa área de *mergers and acquisitions*. E é claro que o próprio nome da holding já denunciava o grande objetivo que tínhamos traçado para o nosso futuro: o IPO.[54]

O objetivo de unificar as empresas em um só grupo foi deixar claro ao mercado que a MOVE3 é capaz de prestar todos os serviços logísticos, do início ao fim da cadeia de operações, não apenas no segmento bancário, mas também para e-commerces de diversos setores – incluindo medicamentos e cosméticos –, além de serviços de armazenagem, logística ponta a ponta do B2C (consumidor final) e entregas rápidas, realizadas em até três horas, além é claro da internacionalização, facilitando a comercialização das marcas brasileiras na Europa. A essa altura do campeonato, já contávamos com quatro centros de distribuição, cinco filiais e 350 franquias, além de centros de armazenamento para e-commerces, as chamadas *dark stores*, em oito estados; e centros de personalização de cartões em São Paulo, Pernambuco e no Paraná. Ao todo, estávamos roteirizando 450 mil encomendas por dia – esse era o

---

[54] IPO é a sigla para Initial Public Offering, ou Oferta Pública Inicial em tradução literal para o português.

volume que fazíamos em um mês inteiro em 2014. A empresa mudou completamente de patamar e isso foi percebido, e muito comemorado, por todos nós.

Um dos motivos para comemorarmos tanto essa vitória foi que em 2019 tomamos a decisão de realizar parte do capital da empresa e garantir uma liquidez para os sócios. Para isso, contratamos uma das maiores consultorias de M&A do Brasil. Fizemos uma série de reuniões por meses com diversos fundos de private equity,[55] organizamos mais ainda todos os departamentos fiscais, contábeis, RH etc.

Em determinado momento chegamos a receber propostas e entramos firme em negociação com um dos maiores private equities do Brasil, mas o fundo acabou declinando por achar que nós éramos muito focados no setor bancário. Ficamos muito frustrados, até pelo grau de exigência e demanda de uma operação desse tamanho. A frustração era aparente em todos que haviam participado de todo esse processo, afinal estávamos preparando a empresa para isso havia mais de um ano. Por outro lado, aquele feedback reforçou mais uma vez a necessidade de ampliar ainda mais os nossos horizontes. Era mais um sinal nesse sentido, e a criação do Grupo MOVE3 era a concretização desse objetivo.

Ainda que as nossas empresas já cobrissem diversos setores e toda a etapa da cadeia logística, a percepção do mercado de capitais não era essa, ao menos em larga escala. E se o fundo de private equity não era o caminho, decidimos apostar no IPO e por isso, no início de 2021, contratamos diversas consultorias para nos ajudar nas reformulações necessárias, desde processos contábeis, aperfeiçoamento das políticas de remuneração, retenção de talentos e relações com investidores, o que, consequentemente, se desdobrou na criação e otimização de valor da nossa holding para o mercado. E, como dito antes, tudo isso trouxe grande crescimento no nosso modelo de gestão e principalmente

---

[55] Fundos de private equity são aqueles que investem em empresas não listadas na bolsa, participando da sua gestão com o objetivo de desenvolvê-las para posteriormente realizar o desinvestimento com ganhos. Fonte: Expert XP.

mudança nos nossos objetivos como grupo empresarial. É curioso, mas ficou evidente para nós nesse momento o caminho natural da agenda ESG. A reorganização necessária para o nosso novo momento era harmônica aos conceitos de governança e de responsabilidade socioambientais abarcados no conceito.

Internamente, esse movimento também teve um impacto muito positivo. Antes desse processo, não havia a percepção interna de que éramos um mesmo grupo – cada colaborador se sentia parte da sua empresa e era isso. Pouco a pouco fomos integrando operações, equipes e processos, e isso teve um impacto cultural e individual, deixando claro o papel de cada um dentro da grande estrutura logística que estávamos construindo.

Uma outra demanda relevante do ciclo 2020 e 2021 e que comprova a tese de adesão natural à agenda ESG se refere à energia limpa. A procura por veiculos elétricos vinha crescendo e era um sonho antigo nosso, mas foi nesse período que a tecnologia ficou viável, até por uma forte pressão do mercado. Grandes clientes pediam que suas entregas fossem realizadas com energia limpa. E naquele momento a conta fechou. Eu me lembro que em nossa visita à China, no final de 2019, vimos centenas de pequenas garagens que se assemelhavam a borracharias fabricando motos e bicicletas elétricas. Isso nos demonstrou que veículos leves elétricos não eram mais itens de alta tecnologia e que poderiam ser produzidos em larga escala de maneira relativamente simples. Começamos, então, a pesquisar na internet e manter contato com fabricantes locais de motos elétricas, mas os preços eram algo surreal, e cerca de três vezes maiores se comparados ao valor de uma moto convencional. No entanto, como acontece com determinadas ideias inovadoras, algumas precisam de testes longos que permitam que o tempo torne a tecnologia possível e acessível. Hoje temos aproximadamente 120 bicicletas elétricas, trinta motos elétricas e trezentas bicicletas convencionais espalhadas por todo o Brasil fazendo milhares de entregas sustentáveis, além dos nossos caminhões elétricos que percorrem rotas curtas.

Uma empresa não é só um CNPJ, ela é como um organismo vivendo em um ecossistema, ou seja, o ambiente precisa ser positivo para que você tenha saúde.

Assim como aconteceu com o nosso primeiro aplicativo de baixa on-line – que teve que esperar mais quatro anos até a chegada do Android para ficar viável –, nosso projeto de veículos elétricos teve que esperar até 2021, quando a Jac Motors apresentou seu caminhão elétrico com um custo 40% maior do que um veículo urbano de carga (VUC) tradicional. E aí as bicicletas também aderiram a motores e baterias que davam autonomia de até 70 quilômetros para o ciclista. Hoje, nossas bicicletas, vans e caminhões elétricos vão, pouco a pouco, ganhando espaço frente à frota movida a gasolina. Na ponta do lápis, faz cada vez mais sentido econômico e competitivo investir em veículos de energia limpa.

A bicicleta elétrica, por exemplo, vem se mostrando muito mais eficiente em distâncias curtas, de acordo com um estudo divulgado em agosto de 2021 pela Universidade de Westminster,[56] na Inglaterra.

Segundo a pesquisa, as bikes de carga conseguem realizar entregas em centros urbanos 60% mais rápido do que as vans. Na prática, esses veículos correm em velocidades maiores e conseguem entregar dez pacotes por hora, enquanto as vans só conseguem entregar seis. O estudo aponta ainda que, entre outras vantagens, as bicicletas elétricas evitam os congestionamentos, uma vez que podem andar por entre os carros, pegar atalhos e usar vias que normalmente são fechadas para o tráfego de automóveis. Além disso, é muito mais simples estacionar uma bicicleta do que uma van. A pesquisa utilizou dados de GPS das bicicletas de entrega da empresa Pedal Me, que opera em um raio de 15 quilômetros a partir do centro de Londres. Foram analisados cem dias aleatórios ao longo das quatro estações do ano. Nesse período, as bikes deixaram de emitir quase 4 toneladas de carbono – e esse dado leva em conta até mesmo a comida que os motoristas consumiram.

---

[56] THE PROMISE of low-carbon freight. **Possible**. Disponível em: https://static1.squarespace.com/static/5d30896202a18c0001b49180/t/61091edc3acfda-2f4af7d97f/1627987694676/The+Promise+of+Low-Carbon+Freight.pdf. Acesso em: 12 jul. 2022.

Acerca da ponta social, já citei nos capítulos anteriores o desenvolvimento de talentos internos e a nossa intensa política de doações, mas acho importante me aprofundar um pouco mais no tema. Creio que uma das maiores demandas dos novos tempos seja a questão do bem-estar e da diversidade. A verdade é que as brincadeiras sempre correram soltas na empresa e, na nossa cabeça, todas as pessoas se sentiam incluídas. Muitas vezes, nós estávamos certos. Nosso jeito despojado e informal congrega, as pessoas se sentem confortáveis e participam. No entanto, ninguém agrada todo mundo o tempo todo, e não seríamos nós a alcançar esse feito. Mais uma vez, o marketing trouxe uma nova pauta para a diretoria, propondo uma reflexão mais profunda sobre o quão diversos nós, de fato, éramos. Havia homossexuais, negros, pessoas com deficiência, para citar alguns grupos de minorias, trabalhando conosco, muitos em posição de liderança. Mas há atualmente uma demanda por equidade que exige posições inclusivas mais agudas e tangíveis. Não tínhamos, por exemplo, entre nossos colaboradores, pessoas trans, mas passamos a ter. Em outras palavras, nós nunca discriminamos ninguém no momento da contratação ou da promoção, mas realmente, quando olhávamos o corpo de colaboradores da empresa, poderíamos ter um time mais diverso. Pessoalmente, não sou a favor de contratação por cotas, mas também sou completamente contra qualquer tipo de discriminação. Então, chegamos ao consenso de comunicar que todas as pessoas seriam bem-vindas e treinadas aqui. Nesse sentido, mais uma vez o departamento de comunicação e marketing teve um papel fundamental. Ainda que tudo esteja muito bem alinhado, o papel do divulgador não pode ser subestimado. É preciso explicar de maneira didática e convencer a todos que os novos projetos valem o esforço.

Esse é um tema bem sensível de ser discutido, comentado e, principalmente, escrito. Por isso, nós sempre evitávamos, de certa forma, correr o risco de assumir um posicionamento, mas, nesse período, aprendemos também que precisamos sim divulgar os números que englobam a diversidade. Sabemos que, em algum momento, podemos errar na comunicação ou no posicionamento, mas vamos errar tentando fazer o melhor que podemos. Somos uma transportadora, um ambiente tradicionalmente masculino e, hoje, podemos afirmar que nosso quadro gerencial é muito diverso, sendo composto em sua maioria de mulheres, negros e pessoas LGBTQI+.

É importante destacar que a questão da diversidade tende a impactar cada vez mais a realidade das corporações, inclusive da perspectiva financeira. De acordo com uma pesquisa realizada pela consultoria PwC,[57] 76% dos entrevistados afirmam que o tema é um valor ou uma prioridade, não apenas no sentido de impulsionar o engajamento com esses públicos, mas especialmente para melhorar seu desempenho financeiro e permitir a inovação. O estudo ouviu 3 mil pessoas, entre líderes e colaboradores de 25 indústrias distribuídas em quarenta países.

CRESCER NÃO É PARA TODO MUNDO

 Eduardo Cosomano

"Este é o caminho de qualquer startup que cresce: você sai de uma tribo para uma vila, depois para uma cidade. Em cada fase, você tem que mudar comunicação, estrutura, processo interno. Algumas startups conseguem fazer um excelente trabalho enquanto vila, mas não alcançam o próximo estágio".[58] Essa declaração me foi concedida por Pierre Schurmann, fundador da Nuvini e um dos precursores da web no Brasil, na ocasião e no contexto da produção do meu primeiro livro, *Saída de mestre: estratégias para compra e venda de uma startup*.

---

[57] CAMILO, L. Pesquisa global de diversidade e inclusão. **PWC**. Disponível em: https://www.pwc.com.br/pt/estudos/preocupacoes-ceos/mais-temas/2020/pesquisa-global-de-diversidade-e-inclusao.html. Acesso em: 12 jul. 2022

[58] CRISTOFOLINI, J.; COSOMANO, E. **Saída de mestre**: estratégias para compra e venda de uma startup. São Paulo: Editora Gente, 2021. p. 181.

Ao longo de quase quinze anos vivenciando o noticiário corporativo, acompanhei uma série de empresas que tinham tudo para dar certo e deram, mas também vi um bocado de empresas irem pelos ares com a faca e o queijo na mão, pelos mais variados motivos: briga entre sócios, gestores apaixonados por uma ideia sem aderência ao mercado e conflitos familiares certamente estão no meu top 3.

Brigas entre os sócios é o clássico, e elas vão desde uma natural, mas irreversível, divergência de objetivos, até passadas de perna de virar o estômago, que marcam e destroem para sempre a vida de alguma das partes. Empreendedores apaixonados também são quase um clichê. Fala-se muito que paixão é ingrediente básico do empreendedorismo, mas creio que haja uma confusão semântica nessa definição. Os apaixonados quase sempre não enxergam e não escutam o óbvio, de tão aficionados que estão por seu foco de adoração, e a presepada é certa para quem está vendo de fora. Aqui na EDB, eu recebo constantemente empreendedores que alegam que criaram uma empresa "que não tem concorrência no mundo", argumento que se invalida em uma pesquisa básica e rasa de quinze minutos. Isso sem falar nos PowerPoints "que serão o próximo unicórnio". O ego vai na lua. Esses incendeiam capital – que quase nunca é deles.

E, por fim, vêm os conflitos familiares. Vivenciei algumas sucessões e, sinceramente, é sempre difícil para mim, porque é um assunto que mexe muito comigo. Quando eu era pequeno meus pais brigavam muito entre eles. Havia muita discussão e descontrole emocional na minha casa e, na adolescência, me tornei um vértice desse caos também. Tive muitos conflitos. Já adulto, desvestido do meu papel de vítima, com quase dez anos de psicanálise nas costas, em meu segundo casamento, pai de um menino e com uma bagagem considerável de erros e acertos, consegui compreender um pouco melhor a perspectiva dos meus pais.

Eu não saberia explicar em palavras a dificuldade que é criar e educar uma pessoa, mas posso dizer que é complexo não cometer erros com uma carga de exaustão física e mental imposta pela rotina de trabalho e casamento. E as condições dos meus pais eram muito piores do que as minhas. Meu pai era funcionário público assalariado; minha mãe, cabeleireira e dona de casa, ambos oriundos de um cenário de grande pobreza, criando a mim e a minhas três irmãs mais velhas. A situação financeira da minha família já era melhor na minha infância, mas havia um ambiente de descontrole emocional horrível. E isso moldou meu caráter também, positiva e negativamente.

Com o tempo, a razão diluiu os ressentimentos, as pessoas mudaram, se compreenderam e as relações melhoraram. Não é assim para todos, mas para mim foi. Na minha família, todos se tornaram pessoas melhores de lá para cá. Não que se justifique, mas eu tenho um filho, meu trabalho me remunera bem, tenho um bom nível educacional – proporcionado pelos meus pais – e ainda assim não consigo equilibrar todos os pratos. Imagina eles?

Mas há algo esquisito nas relações familiares, tudo ganha uma proporção maior. Certas correntes, nós insistimos em arrastar, não sei exatamente o porquê, ainda que a gente verbalize que está tudo bem ou que encontremos em fatos a legitimação de que precisamos para exercer a nossa raiva. Eu sempre acho que é mais fácil perdoar qualquer um que não seja da família. Minha ficha caiu não quando meu filho nasceu, mas quando fomos embora da maternidade. Enquanto eu tinha tarefas e pessoas entre mim e meu filho, eu não sentia. Nem na gravidez, nem no parto, a que eu não só assisti, como do qual participei. Eu sabia o que fazia, fiz tudo que tinha que fazer, mas não sentia o que fazia.

Mas quando pus aquele pacotinho chamado Heitor na cadeirinha do carro, me sentei no banco do motorista e engatei a primeira, minhas pernas tremeram. Naquele momento eu senti a responsabilidade da paternidade e, aí sim, absorvi minhas experiências com meus pais. Eu lembro que, quando chegamos em casa com o Heitor recém-nascido, eu e a Mariana, minha esposa, nos olhamos, começamos a chorar, um misto de alegria, felicidade e medo da responsabilidade. E já éramos adultos, mas o baque é forte. Eu disse para ela que a gente não podia chorar, que não podíamos falhar, fui até um pouco agressivo nas palavras. Depois eu pensei: *mas o que eu estou fazendo?* Notei que era medo, somente medo. Ao longo do tempo, venho aprendendo a ser pai e, consequentemente, aprendendo a ser filho. Me tornei menos julgador dos erros alheios, de modo geral.

Toda vez que vejo meus pais falo sobre esse dia. Hoje, eu cuido para não reproduzir comportamentos dos quais eu não gosto, mas sem apontamentos de dedos. Tivemos tempo, sabedoria e a sorte de poder fechar aquele arco negativo. Não há nada mais gratificante pra mim hoje do que ver meu pai e minha mãe curtindo meu filho, de verdade.

Por tudo isso, quando presencio conflitos em empresas familiares, acabo me projetando para aquilo e me envolvo, tudo que um jornalista não deve fazer. Minha vontade é dizer: "Cara, deixa isso pra lá, não vale a pena". É um pensamento infantil, reconheço, porque não faço ideia do peso do fardo dessas pessoas, apesar de presenciar os fatos. Mas, por outro lado, conheço o peso, a altura e a imortalidade das palavras, especialmente as ditas em momentos de descontrole. As mais duras escutamos eternamente. Se somos nós quem falamos, a cobrança é perpétua. Na raiva, as pessoas esquecem do que é importante, mas certas coisas não têm volta. A palavra dita é uma delas. E elas também agem como se a morte não existisse. Mas, no fim, as pessoas morrem, resolvidas entre elas ou não, e o dinheiro não pode fazer nada para solucionar isso.

Portanto, se você, leitor ou leitora, tem uma família que ama, administra uma empresa familiar da qual se orgulha, enfrenta problemas nos dois mundos, mas quer ver florescer ambas as instituições, é melhor abrir a mente para o novo e amadurecer. Mas é preciso esforço e muita dedicação, porque crescer não é pra todo mundo.

Guilherme Juliani

Fazer crescer uma empresa de dez funcionários é tão desafiador quanto uma de 6 mil, mas a maneira de encarar os desafios é bastante diferente. Olhando para trás, quando a empresa era muito pequena, o nosso maior desafio era a falta de recursos, o que nos impedia de executar uma série de ações, entre elas contratar pessoas. Independentemente disso, as tarefas precisavam ser feitas, então a solução era fazer todas as atividades nós mesmos. Nos desdobrávamos para ter tempo para revisar o fluxo contábil, desenhar processos, discutir linguagem de programação, formatar apresentações comerciais, definir preço e avaliar margem de lucro. Não tínhamos ninguém com quem pudéssemos dividir as incertezas e as inseguranças que envolvem as tomadas de decisão. E pior ainda, éramos os únicos que poderiam avaliar se o resultado era satisfatório, já que não tínhamos uma equipe para nos ajudar.

Quando a empresa se expande para os quase 6 mil funcionários atuais, obviamente, pessoas capacitadas não são mais o problema, mas a quantidade de atividades é multiplicada de maneira exponencial, e elas requerem não mais a sua interação na execução, mas a sua supervisão do resultado. E aqui mora um dos muitos perigos dessa nova fase: quando centenas de pessoas estão executando as tarefas que antes eram feitas por você, é necessário que sejam criados pontos de controle ou formas de garantir a qualidade do resultado. Agora, as apostas estão muito maiores, as decisões críticas não estão mais em suas mãos e o tamanho dos riscos cresce tanto quanto o tamanho da organização. Já tivemos centenas de situações em que as decisões não foram boas e a empresa perdeu muito dinheiro, e isso obviamente continua acontecendo até hoje. E tudo bem, isso acontece em todas as empresas! Foram esses erros que nos ajudaram a formar mecanismos e indicadores de controle – o importante é detectar a falha rapidamente e não cometer o mesmo erro duas vezes.

Ao colocar a situação dessa maneira, parece que houve uma evolução simples e natural, mas não é nada disso. A minha experiência mostra que os processos que levam ao crescimento podem ser mais bem construídos quando o gestor tem metas claras e audaciosas – o seu *moonshot*, ou seu "tiro na lua". O fato de as organizações possuírem metas claras e objetivos bem definidos dá uma diretriz para o time, que passa a construir micro e macroprocessos para o alcance da meta. Isso, por sua vez, implica o desenvolvimento de todos os indicadores necessários para que o gestor tenha a visibilidade da operação, assegurando-se de que aquele setor está caminhando para a meta maior. Caso os resultados apresentados estejam desalinhados ao objetivo da empresa, o gestor tem a possibilidade de mudar de rota a tempo. Utilizar dados estrategicamente nada mais é do que ter visibilidade do que está acontecendo e decidir o que fazer a partir dali. É fundamental não confundir aqui gestão audaciosa ou agressiva com *moonshot*. A primeira se refere à conquista de um cliente gigantesco ou à entrada em um segmento natural e previsível. O *moonshot* a que me refiro seria conquistar um grande cliente ou entrar em um segmento realmente impactante, algo que em um primeiro momento parecia impensável. Algo difícil de ser alcançado e que ninguém imagina que você tentaria. Por isso o nome "tiro na lua".

A verdadeira mágica da evolução, porém, é ir adaptando e esticando as suas metas audaciosas à medida que chega perto de atingi-las. Como diria nossa ex-presidenta Dilma: "quando atingirmos a meta, vamos dobrar a meta".[59] O nosso *moonshot* em 2019 era fechar parcerias com empresas como Fedex ou DHL, pois isso significava que teríamos criado uma transportadora tão boa que chamaria atenção daquelas que até então eram as maiores transportadoras do mundo. No entanto, quando chegamos perto de fechar com o fundo de private equity, que equivaleria a um negócio desse porte, começamos a

---

[59] UOL NOTÍCIAS (Brasil). **"Não vamos colocar meta. Vamos deixar a meta aberta mas, quando atingirmos a meta, vamos dobrar a meta." Entendeu?**. 28 jul. 2015. Facebook: UOLNoticias. Disponível em: https://www.facebook.com/watch/?v=1179645225383625. Acesso em: 11 jul. 2022.

vislumbrar um novo horizonte. Nesse momento, nossa maneira de olhar o grupo mudou e começamos a mirar atingir 1 bilhão de faturamento anual e o IPO.

Só que nem tudo são flores e é claro que tivemos diversos obstáculos nessa fase, alguns antigos e já mencionados neste livro. O processo de uma possível abertura de capital da empresa na bolsa de valores – que ocorreu entre 2019 e 2020 –, por exemplo, trouxe à tona novamente pontos de divergência com meu pai.

Reforço: o ponto central, a meu ver, está relacionado ao perfil de cada executivo envolvido no processo de sucessão. A empresa evoluiu para um modelo que impõe a necessidade da descentralização das tomadas de decisões, de modo que o negócio evolua sozinho sem a interferência do C-Level em muitos casos. Meu pai é um homem que teve sucesso dentro de um modelo de negócio menor, que de fato funciona com uma gestão centralizada, realidade que se apresenta diferente agora.

Se eu me intrometer em tudo, literalmente travo a operação e as consequências serão gravíssimas. A empresa precisa investir em tecnologia, processos, formação de líderes e autonomia. Não cabem mais centralização e microgerenciamento. Quando um cliente ou fornecedor me aciona, costumo brincar que ele pediu para a pessoa mais lenta da empresa resolver o problema dele. Pois até eu ler o e-mail, juntar o time e me focar na decisão, vai demorar muito mais do que o gerente dessa determinada área.

Um exemplo que gosto de usar é o de um pequeno restaurante. Imagine um estabelecimento supercharmoso de apenas seis mesas onde o dono faz tudo, desde cozinhar e comprar os suprimentos até servir aos clientes. Veja que nesse ponto tudo pode passar pelo controle dele. Ele consegue tomar todas as decisões e supervisionar todas as atividades, garantindo a qualidade do resultado, assegurando que tudo saia exatamente da maneira como ele quer. Esse negócio começa a bombar e ele decide expandir.

Agora, ao invés de seis mesas, o restaurante tem sessenta e fica aberto vinte e quatro horas. O dono já não consegue receber fornecedores às 8 horas da manhã, cozinhar o almoço ao meio-dia, servir os clientes até as 23 horas e ainda arrumar tempo para fechar o caixa e discutir os impostos com seu contador. Ele, obviamente, precisa aprender a distribuir tarefas e delegar funções. Seu trabalho agora é ver KPIs[60] para saber se os seus clientes estão satisfeitos, se a comida está sendo servida com qualidade e como a empresa está financeiramente.

Os equipamentos da cozinha mudaram, o dono do restaurante precisa perceber que ele era o melhor cozinheiro quando usava uma panela pequena para cozinhar para seis mesas, mas que agora existem cozinheiros mais especializados do que ele para preparar a comida para sessenta mesas. Ele também precisa aprender a acreditar que esse novo cozinheiro, que faz quase tudo diferente dele, provavelmente é melhor do que ele nesse cenário, e deve deixá-lo trabalhar sem a sua interferência. Mas convencer esse dono de que a sua função não é mais preparar os temperos pessoalmente (pois na cabeça dele ninguém faz um tempero tão bom quanto ele), porém garantir a satisfação dos clientes através de controles, degustação, provas ou qualquer outra ferramenta de teste é muito difícil. Essa é uma transição que poucos de nós conseguem fazer e o resultado é óbvio: ou ele aprende a delegar e controlar o resultado ou vai tentar ele mesmo cozinhar todas as refeições e acabará atrasando a entrega da maioria dos pratos. O mais comum é que esse dono vá à falência e volte para um negócio menor. A mesma lógica se aplica para diferentes tipos de empreendimentos.

Basicamente, empresas familiares são criadas por um empreendedor, ou por um casal, que começa o negócio do zero e transpira sangue para fazer a coisa acontecer. Mas o tempo passa, o mundo se transforma, uma nova geração surge e esse empreendedor sabe que é hora de passar o bastão. No plano superficial, na camada verbal da

---

60 KPI é uma sigla, do inglês *Key Performance Indicator* – Indicadores-Chave de Performance. É uma ferramenta de gestão utilizada para analisar os indicadores mais importantes de um negócio ou de uma empresa.

razão, todo mundo sabe que isso tem que acontecer e expressa as circunstâncias com naturalidade. Mas na prática é bem diferente.

Há uma frase de que gosto muito e levo comigo: **"Depois de uma briga, a responsabilidade de fazer as pazes não é da pessoa que começou a briga, mas da pessoa mais inteligente".** É preciso que alguém tenha mais paciência, que saiba o momento de ceder posições ou de fincar a bandeira, inclusive para a empresa continuar a avançar.

Quando o assunto são ânimos exaltados, a primeira coisa que todo líder precisa ter em mente é que crises e momentos de estresse sempre existirão – e que essas dificuldades podem ser pequenas, como a saída de um cliente que afetará o caixa da empresa, mas que não comprometerá sua operação; médias, como a perda de contrato com algum fornecedor-chave que pode afetar a qualidade ou os prazos de toda empresa; ou gigantes, como a do novo coronavírus, que afetam o mercado inteiro, derrubando clientes e fornecedores.

Independentemente do tamanho do problema, o líder nunca pode perder a calma. Seja diante de uma discussão, da perda de um cliente, seja de uma crise econômica no país. Não acredite que todos entenderão o seu estresse, que suas ações e reações intempestivas se justificam, pois isso não é verdade. Uma das piores consequências que um momento de estresse traz é a insegurança e, quando o líder se deixa dominar pelo estresse, todos à sua volta questionam sua capacidade de encarar e resolver aquela situação. Além disso, o time tende a ficar menos criativo por causa da pressão transmitida e, ainda que seus colaboradores encontrem soluções e tenham ideias sensacionais para solucionar o problema, eles provavelmente terão medo de apresentá-la.

Quem tem coragem de enfrentar o chefe ou dizer para ele o que fazer em uma situação conflituosa? Com isso, a consequência natural será um time travado e um líder que será obrigado a descer para a operação, deixando de lado a parte estratégica do negócio – o que vai gerar outras crises. Por isso, por pior que seja o cenário, você só terá chance de se livrar se souber lidar com suas emoções. Tente pensar e, se necessário e possível, tome tempo e distância da situação, porque nem sempre as primeiras soluções são as melhores. Eu sempre digo que o primeiro pensamento de quem se depara com um tigre é tentar correr e subir em um lugar alto, como uma árvore. O problema é que tigres correm muito mais e também sabem escalar. Mesmo em situações intensas, é preciso parar e raciocinar. Quem nunca teve um problema gigante, dormiu com esse problemão e "do nada" a solução apareceu na mente? Portanto, fique calmo. Respire.

Além disso, em um cenário complexo, é fundamental escolher suas batalhas. Existem discussões que não vão levá-lo a lugar algum, como falar de política com pessoas que pensam extremamente diferente de você. Agora, expanda esse conceito para todas as discussões, desentendimentos e crises que podem ocorrer em uma empresa. Quais valem a sua energia? Quais valem o seu estresse? Quais projetos valem o seu tempo? Quais têm mais importância?

Todos nós temos quantidade limitada de decisões que conseguimos tomar por dia e também temos uma quantidade limitada de estresse que conseguimos suportar por dia. Por isso, cada um de nós precisa aprender a escolher suas batalhas para que seja possível maximizar os resultados. É preciso ter calma e se afastar dos assuntos para ver se eles valem a sua atenção. Isso era verdade quando a nossa empresa tinha sessenta funcionários e é mais verdade ainda agora, pois o meu perfil e o dos principais gestores da empresa (que são os mesmos há anos) vêm mudando fortemente com o passar do tempo. Agora são guerras que estão sendo escolhidas por mim e pelo Andrez diariamente, e nosso time aprendeu muito bem a escolher as suas batalhas o tempo todo.

E, a despeito de qualquer obstáculo, o nosso agora Grupo MOVE3 alcançou feitos inacreditáveis nos últimos anos. Criamos novas frentes de atuação, multiplicamos nosso volume de negócio e faturamento, inauguramos nossa operação na Europa – fato que abordaremos com mais detalhe no próximo capítulo – e atingimos um patamar impensável para nós. No frigir dos ovos, nossas escolhas nos levaram aos nossos resultados, e eles são absolutamente fantásticos. Mas queremos e podemos muito mais!

LIÇÕES DO CAPÍTULO 8

» Um perfil centralizador funciona muito bem para empresas pequenas e médias. Em uma empresa de grande porte, é fundamental fomentar a autonomia; caso contrário, a operação fica lenta e comprometida e a empresa fica sem rumo estratégico.
» Faça mudanças profundas em tempos de crise generalizada; as pessoas vão estar mais predispostas a aceitar.
» O mundo está cada vez mais diverso, portanto, a diversidade nas empresas é um caminho sem volta. Mas não adianta tapar o sol com a peneira. Diversidade é algo difícil de praticar porque, para algumas pessoas, é extremamente complexo aceitar o estilo e as opiniões do outro. Por isso, é muito importante fomentar diálogos e tolerância dentro da companhia.
» Práticas ESG podem baratear operações e atrair clientes.
» Depois de uma briga, a responsabilidade de fazer as pazes não é da pessoa que começou a briga, e sim da pessoa mais inteligente.
» Escolha suas batalhas. Quais valem a sua energia? Quais valem o seu estresse? Quais projetos valem o seu tempo? Quais têm mais importância?

Não acredite que todos entenderão o seu estresse, que suas ações e reações intempestivas se justificam, pois isso não é verdade. Uma das piores consequências que um momento de estresse traz é a insegurança e, quando o líder se deixa dominar pelo estresse, todos à sua volta questionam sua capacidade de encarar e resolver aquela situação.

Capítulo 9
Diversificação de receitas é a continuidade dos negócios

Guilherme Juliani

Mais que alcançar as nossas metas, alcançamos os nossos sonhos. E, nesse novo lugar, algumas oportunidades antes impensáveis ou até mesmo impraticáveis passaram a fazer parte da nossa grade de possibilidades reais. Nós não falamos sobre isso ainda, mas foi no meio de 2020 que anunciamos oficialmente a chegada da Moove+ em Portugal. A ideia de internacionalização era antiga, estávamos engatinhando desde o fim de 2019, mas o negócio engrenou mesmo em meio à pandemia da covid-19.

Basicamente, começamos o ano com esse planejamento de expansão mais tímido, mas, quando a crise estourou, notamos um crescimento na demanda lá, assim como aconteceu no Brasil. A título de exemplo, em março de 2020 houve um aumento de 513% no volume de pesquisa de compras on-line em Portugal em relação ao mês anterior, segundo dados de um estudo da empresa Group M, que agrega o grupo de agências de meios da WPP. Nesse momento, sentimos que era a hora de pisar no acelerador.

Mas para variar não foi uma decisão fácil e sem medo: tivemos de assumir riscos enormes. Nós estávamos no meio da pandemia, após uma queda vertical na receita e com perigo real de ruptura total dos nossos principais negócios. Mas tínhamos a nossa habitual agressividade de fazer negócios, com uma pitada de apetite pelo risco e, como tempero final, a nossa certeza de que a crise da covid-19 um dia acabaria. Nesse cenário, além de seguirmos com o gigantesco investimento comentado nos capítulos anteriores nas esteiras novas e no projeto de AGVs, decidimos manter esse outro importante investimento na Moove+ Portugal.

Nós já contávamos com um executivo da nossa confiança lá, o Marcelo, radicado em Portugal, especificamente em Porto. Ele tinha excelentes conexões na região e conhecia com mais detalhes as necessidades locais. Decidimos, então, iniciar os trabalhos com entregas de até 30 quilos para e-commerces de diversos portes. De largada, também conseguimos fechar com dois parceiros de entrega na região: a CTT, que são os correios locais; e a DPD, empresa que presta serviço internacional de entrega de encomendas.

Na ocasião, o time da EDB Comunicação fez um trabalho forte de assessoria de imprensa junto à imprensa nacional e portuguesa e houve grande interesse dos veículos, inclusive do *Jornal de Negócios*,[61] um dos maiores veículos de economia do país, que publicou uma ampla matéria sobre os planos da empresa, incluindo uma entrevista comigo e com o Marcelo. Nós fomos realmente muito bem recebidos em território português e essa percepção vem se revertendo em negócios cada vez mais crescentes. Ter ousadia e visão é muito importante quando se empreende e nós demos muita sorte com o Marcelo, nosso CEO em Portugal, um cara com fome de negócios, com a ansiedade de fazer a nossa filial decolar – e, felizmente, foi isso que aconteceu.

No momento em que escrevo, já estamos inclusive montando nosso primeiro centro de distribuição de armazenagem para poder transitar as encomendas de nossos clientes entre o Brasil e a Europa. Com isso, vamos dar ao pequeno empresário brasileiro que tem um e-commerce a oportunidade de fazer o processo de exportação e armazenagem não só em Portugal, mas em todo o continente europeu, e poder, assim,

---

[61] NEVES, R. Brasileira Flash Courier instala base europeia da Moove em Portugal. **Jornal de Negócios**, 17 jun. 2020. Disponível em: https://www.jornaldenegocios.pt/empresas/detalhe/brasileira-flash-courier-instala-base-europeia-da-moove-em-portugal. Acesso em: 12 jul. 2022

viabilizar suas vendas em euros. Resumidamente, nosso objetivo é facilitar a internacionalização de todos os nossos clientes, sejam eles grandes empresas, sejam eles pequenos empresários brasileiros.

Acredito que a diversificação é a estratégia mais acertada quando pensamos na continuidade dos negócios, pois é a forma de ficar menos exposto a novos concorrentes, mudanças radicais ou qualquer volatilidade de mercado. Se há uma oportunidade, aproveite; senão alguém o fará. Desbravar um novo continente é uma ação que segue esse modo de pensar, mas não foi a única. Compreendendo o nosso IPO como o nosso principal *moonshot*, precisávamos aumentar o *valuation* da nossa companhia, o que só seria possível por expressivo aumento de receita que, por sua vez, tende a ser mais facilmente viabilizado por meio da ampliação e tração de novos negócios. Nesse sentido, aquisições de empresas passaram a fazer muito sentido para nós.

Culturalmente falando, o Grupo MOVE3 é muito mais "produtor" do que "comprador". Temos em nosso DNA a criação *in house* de inovações, ou seja, produzimos dentro da própria empresa. Mesmo assim, ao longo da nossa história, já havíamos realizado algumas pequenas aquisições até o momento: a iLog, que se tornou Moove+; a MC Card, empresa de fabricação de cartões do Renato, que hoje é o nosso CFO, comprada pela Jall Card em 2017; e a Levoo, startup que une demanda por entregas urgentes aos parceiros de entrega, que era uma *spin-off* (ou empresa derivada) nossa, voltou para casa em 2021, ainda que não faça parte da holding. Mais recentemente, no ciclo 2021-2022, em que o Grupo MOVE3 se encontra em estágio de evolução acelerada visando ao IPO, a gestão entrou no famoso mindset *fight or flight* – ou seja, ou você joga para ganhar de goleada, ou nem entra em campo.

Considerando esse cenário, é indiscutível que aquisições são uma ferramenta extremamente efetiva para a aceleração da empresa. Isso porque geralmente a solução já está provada e rodando, o time está estruturado e, no melhor cenário, ainda há possibilidade de acumular receitas e agregar valor aos clientes da base da empresa comprada.

Em resumo, em uma tacada só, você compra inovação, talento, base de clientes, ampliação de escopo e, a depender da localização, amplia geograficamente a sua atuação.

Só que essa operação precisa ser extremamente bem-feita. Por mais que a empresa seja avaliada por uma consultoria e tenha seus balanços auditados, no fim das contas, o lucro e o prejuízo dessa startup dependem de uma boa gestão – e essa gestão, em algum momento, passará a ser feita pela empresa que compra. Então, é preciso conhecimento profundo de todo o histórico do negócio a ser comprado. Isso sem falar em fazer levantamentos sobre o perfil dos empreendedores, o modelo de contrato para mantê-los na companhia após a aquisição, entre outros muitos pontos. Muito se fala que com dinheiro é fácil fazer as coisas. Bem, posso dizer com segurança que o dinheiro facilita muito, mas, por outro lado, surgem muitas "cascas de banana" pelo caminho, muitos negócios péssimos disfarçados de excelentes oportunidades. Aquisições, sem dúvida, são decisões bastante difíceis de serem tomadas.

Eduardo Cosomano

"Basicamente, em uma aquisição, você tem o tangível e o intangível. O primeiro é o concreto, que pode ser tocado: se a empresa tem uma frota de veículos, uma rede de parceiros, uma carteira de clientes estratégica, além é claro do EBTIDA. Já o intangível é a propriedade intelectual e a cultura, traduzida através dos sócios. A ideia é trazer, modelar e aí performar. Mas precisa dessa liga inicial", conta Renato, CFO do Grupo MOVE3.[62]

O executivo detalha ainda que a empresa possui uma política de aquisições bem estabelecida. "As nossas propostas em geral contam com um *earnout* de pelo menos três anos. Paga uma pequena parte na entrada, a maior parte na saída. Desse modo conseguimos comprar o filme, e não foto", exemplifica. Para quem não é familiarizado com o

---

[62] Entrevista realizada em 27 jun. 2022.

termo, *earnout* é o pagamento da parcela da aquisição condicionada ao cumprimento de uma determinada meta.

Renato tem muita propriedade para falar sobre esse tema. Sua empresa, a MC Card, passou por um processo de fusão junto à Jall Card em meados de 2016. "A Jall era um *bureau* de personalização de cartões, eu e meu irmão, na MC Card, tínhamos toda a confecção, o restante da gráfica que eles não tinham. Então, a Jall fez a aquisição, e o Antonio colocou algumas metas."

A parceria deu muito certo. Unindo as experiências e o *know-how* sob a mesma marca, e o comando firme do CEO Márcio Castro, a Jall Card saltou de um faturamento de 10 milhões em 2016 para 250 milhões previstos para o final de 2022 – um crescimento de 25 vezes. Renato conta que o uso do cartão de crédito e a ferramenta de aproximação cresceram muito durante a pandemia. "As pessoas passaram a comprar pela internet e houve forte demanda por novos cartões. Além disso, com a reabertura, a demanda pelo modelo com aproximação cresceu muito, o que exigiu renovação de cartões obsoletos."

Alguns números de mercado comprovam a avaliação do CFO. Segundo dados divulgados em 2020 pela Associação Brasileira das Empresas de Cartões de Crédito e Serviços (Abecs), as compras on-line realizadas com cartão de crédito apresentaram crescimento de 23,2% no primeiro trimestre, representando cerca de R$ 87 bilhões. No mesmo período de 2022, foram movimentados R$ 478,5 bilhões em pagamentos com cartões de crédito. Já os pagamentos por aproximação cresceram 455,9% nesse mesmo período, respondendo pelo movimento de R$ 103,2 bilhões. "Nós estávamos na hora certa, no lugar certo, isso é um fato. Mas estávamos preparados quando todo o contexto aconteceu", afirma Renato.

Guilherme Juliani

Mesmo sabendo da complexidade do processo, em 2022, demos esse passo e realizamos a nossa terceira aquisição. Trata-se da goX, uma startup sediada em Portugal com foco em soluções para internacionalização e gestão *full commerce* para marcas brasileiras. Na prática, a empresa integra as etapas de internacionalização de ponta a ponta, desde curadoria de produtos e análise do mercado, apoio logístico internacional, planejamento e gestão de *marketplaces*, implementação e todas as integrações no ecossistema digital – incluindo cadastro e normatização do catálogo de produtos, melhores práticas logísticas, SAC 4.0 e marketing digital. Essa aquisição foi estratégica por vários motivos. Primeiro, porque já estamos na Europa, especificamente em Portugal, e temos planos de expansão não só no país, mas no continente. E, segundo, porque agrega capacidades que não temos em casa, como expansão no leque de serviços e das capacidades e conhecimento profundo da realidade local.

Eduardo Cosomano

Quando se pesquisa estatísticas sobre a imigração de brasileiros para Portugal, não faltam notícias que comprovam o crescimento desse movimento ano a ano. A curva começou a subir em 2014, não por coincidência, período em que o caldo econômico começou a entornar de vez (ou de novo) em nosso país. A demanda seguiu crescente e os brasileiros atualmente lideram os pedidos de imigração para lá. Inclusive, existem dados registrando uma nova onda com a retomada econômica, no final de 2021.[63] Foi entre esses períodos que Guilherme, Daniel e Marcelo se juntaram aos milhares de brasileiros imigrantes e também se mudaram para a terra de Cabral.

Os fundadores da goX já se conheciam um pouco do Brasil. "Eu tinha e-commerce no segmento oftalmológico e o Guilherme, que também trabalhava no setor, veio visitar a minha operação, isso por volta de 2016. Nos encontramos algumas vezes depois disso, mas perdemos contato. Em 2019, quando resolvi mudar com minha família para Portugal, comecei

---

[63] VALLONE, G. Portugal vê nova onda de imigração brasileira após reabertura de fronteira. **BBC**, 4 dez. 2021. Disponível em: https://www.bbc.com/portuguese/internacional-59506767. Acesso em: 12 jul. 2022.

a pesquisar por pessoas conhecidas que estivessem por lá. Foi assim que reencontrei o Guilherme", relembra Daniel.

"Começamos a conversar e a nossa primeira ideia foi abrir um e-commerce de moda feminina, a Divini.com. Nesse momento o Daniel estava morando na Espanha e o negócio começou a engatinhar, mas veio a pandemia. Após um primeiro impacto que fez tudo parar, começamos a sentir uma demanda de empresas querendo vir para cá, mas não sabiam exatamente como fazer. Então, começamos a agregar alguns serviços no sentido de ajudá-las a internacionalizar a operação. Um a um, fomos fazendo canais de vendas em marketplace, site próprio da marca, análise de mercado, precificação, pagamentos, gestão de estoque, distribuição, B2B, entre outros", conta Guilherme.

Foi em meados de julho de 2020 que o caminho de Guilherme e do Daniel cruzou com o do carioca Marcelo, atualmente o CEO da Moove+ Portugal. Tal qual os fundadores da goX, Marcelo também estava cansado do Brasil e queria mudar de vida. "Segurança é um ponto que pegou muito pra mim. Queria uma coisa mais tranquila para minha família, para o meu filho, então viemos para Portugal em 2019." A mudança exigiu coragem, esforço e uma dose de sorte. Marcelo era COO da Wappa, empresa do setor de mobilidade corporativa.

"A gente confeccionava nossos cartões de benefícios com a Jall Card e quem cuidava da logística era a Flash Courier. Meu relacionamento com o Guilherme Juliani vem daí. Antes de me mudar para Portugal, analisei o mercado de logística e entregas e vi que existiam grandes oportunidades para esse tipo de negócio. As empresas de logística e entregas não tinham o mesmo cuidado com os clientes que as empresas brasileiras. Foi aí que, por uma obra do acaso, conversando rapidamente com o Guilherme, ele teve a ideia de expandir a Moove+ para Portugal e me convidou para tocar esse projeto superdesafiador. Percebi que logística para e-commerce era um gargalo deles, era um serviço malfeito. A ideia de entregar no mesmo dia, embalado, bonito, como fazemos no Brasil, era impraticável", afirma.

Guilherme Juliani

Ainda no começo de 2022, também tivemos um engajamento muito forte e bacana com a Rodoê, uma empresa de fretes e entregas, e a aquisição[64] ocorreu no meio do ano. Quando conhecemos os fundadores da empresa, Kleber e o Valdeir, ficamos muito surpresos: eles conseguiram alcançar um volume de entregas relevante no e-commerce brasileiro, com presença em alguns dos nossos grandes clientes, com uma estrutura muito enxuta, mas extremamente eficiente. Basicamente, eles dispunham de um galpão na cidade de Guarulhos, região metropolitana de São Paulo; um site simples e um sistema de gerenciamento de transporte muito bom. Isso demonstrou o quanto tínhamos a aprender com essa empresa que, apesar dos recursos infinitamente menores do que os nossos, era capaz de alcançar um resultado fantástico.

Aliás, seguimos observando empresas no mercado, de modo que as aquisições seguem em nosso radar. Olhamos para diversos negócios, entre eles plataformas de gestão para sites de e-commerce, operadoras de logística hospitalar, entre outras soluções que agreguem a nossa prestação de serviço. Também olhamos para os nossos serviços internos e, se porventura alguma aquisição otimizar o que já fazemos, vamos analisar a possibilidade com cautela – e esse processo de análise envolve soluções de pontos de retirada, *lockers, dark store, chatbot,* inteligência de dados ou qualquer outro serviço existente (e pertinente) na omnicanalidade do transporte.

E, nesse momento em que olhamos para o crescimento e a ampliação de novas frentes de atuação, acho importante reforçar que, apesar de todas as dificuldades que enfrentamos ao longo da nossa história, nós nos mantivemos na liderança do segmento bancário e, em 2022,

---

64 CALMON, E. Grupo de logística Move3 compra startup para fortalecer última milha no e-commerce. **Estadão**, 19 jun. 2022. Disponível em: https://economia.estadao.com.br/blogs/coluna-do-broad/grupo-de-logistica-move3-compra-startup-para-fortalecer-ultima-milha-no-e-commerce/. Acesso em: 12 jul. 2022

ainda estamos com larga vantagem sobre o segundo lugar. Não há um ranking público oficial sobre isso e por razões estratégicas não posso dizer a origem deste dado, mas afirmo com tranquilidade que somos líderes nesse setor. Nós nunca ignoramos qualquer concorrente, como JSL, JadLog, Loggi, Sequoia, Interlog, Total, Direct, para citar alguns. Vale citar ainda os *players* internacionais, como DHL e, mais recentemente, os asiáticos, como Cainiao e LalaMove. Todas são excelentes empresas, com operações gigantescas e muito competentes no que fazem, mas não crescem como nós no setor bancário. Para se ter uma ideia, em 2022, entregamos um crescimento de 43% só no primeiro trimestre.

Por outro lado, em uma de diversas reuniões preparatórias para o IPO com um fundo de investimentos, ouvi o seguinte: "esse crescimento é excelente para seus padrões antigos, mas agora o jogo mudou, precisamos evoluir. Vocês estão entregando isso sempre dentro do mesmo mercado, o bancário". Eles tinham razão.

A solução padrão dos maiores *players* de logística brasileiros é o crescimento inorgânico: a Sequoia, a BBM, a JSL estavam fazendo isso a rodo. Eles compravam transportadoras no ramo deles para ampliar as receitas e expandir as operações para estados onde não tinham atuação forte. Mercado Livre e Magalu também estavam soltando cheques no mercado para adquirir empresas e aumentar a oferta de serviços de suas plataformas. Até a *Levoo* recebeu duas propostas de compra por dois magazines – que recusamos por acreditar no potencial dela –, uma delas de cerca de 6 milhões de reais. Estava muito claro para nós que aquisições em segmentos diversificados era um caminho importante.

Fomos nessa batida, mas sem perder a essência: a nossa política de M&As segue exatamente a cultura da empresa. Tudo tem foco no cliente e não temos o menor receio em admirar alguém que julgamos melhor do que a gente em algo, como é o caso da Rodoê. Além disso, não necessariamente precisamos comprar uma empresa e utilizá-la tal como está. Às vezes, uma funcionalidade pode agregar uma experiência positiva ao cliente e, se entendermos que a aquisição é o meio mais eficiente para chegar naquela solução, faremos.

Neste contexto, ainda que não tenha dado em casamento, namoramos ou no mínimo paqueramos algumas empresas de diferentes setores. Uma das que admiramos muito é a Master Express, focada em logística hospitalar. O nosso interesse neles ganhou força quando entramos no mercado de produtos regulamentados pela Anvisa, em meados de 2019. A razão é óbvia: eles contam com contratos com diversos hospitais e laboratórios para coleta e entrega de exames e materiais biológicos, várias licenças e uma gestão de filiais extremamente eficiente.

As negociações com eles avançaram de maneira bem acelerada, mas todo M&A de empresa familiar traz, além dos conceitos negociais e financeiros, uma carga muito pesada de decisões pessoais, e é claro que no caso da Master isso não seria diferente. Além disso, a Master é uma empresa considerada grande, no mínimo, a maior que chegamos a negociar a aquisição. Os outros M&As foram pagos com dinheiro do caixa da empresa, mas, dessa vez, estávamos buscando os fundos e as debêntures, por isso precisávamos estruturar o projeto muito bem e garantir o resultado financeiro da sinergia entre as empresas. Tendo em vista todo o contexto, naquele momento, entendemos que não era hora de fazer aquele movimento, mas seguimos com uma ótima relação com eles.

Vale mencionar, ainda, uma outra tentativa nossa, cujo nome não posso citar por razões contratuais, mas que se trata de uma das maiores plataformas de gestão de frete do país. Eu lembro que no final de uma quarta-feira do mês de março de 2021, por volta das 21 horas, mandei uma mensagem para nossa conselheira e sócia do IGC, um dos maiores *players* do setor de M&A do país, Ludimila, falando: "Tenho uma verdadeira viagem na maionese que preciso conversar com você...". Conhecendo a Ludimila, tinha certeza de que ela não aguentaria esperar até o dia seguinte, então meu telefone tocou dois minutos depois e eu disse: "E se a gente comprasse a empresa X?". A ideia era agregar todas as informações sobre milhares de entregas que essa empresa gerenciava por mês. Nós já tínhamos uma cultura muito forte de análise de dados e fazia muito sentido para nós fazer dinheiro com a inteligência que ganharíamos tendo acesso às informações contidas na base de dados dessa possível aquisição. A Ludimila sempre foi uma pessoa muito pra frente, de modo que uma simples conversa para contar uma ideia, na mão dela, leva cerca de 24 horas para se tornar uma ação efetiva. Não só ela, mas o time do IGC como um todo tem uma participação fortíssima nesse novo momento do grupo, é justo dizer.

No fim das contas, essa transação também não rolou, mas é interessante como seus desejos vão se tornando realidade. Ainda que as duas aquisições não tenham avançado, como disse no início deste capítulo, nós temos uma cultura de "produtor". Muita coisa acabamos desenvolvendo internamente. Nessa altura do jogo, tínhamos um timaço em várias frentes, contávamos com infraestrutura, alta tecnologia já em operação em nossos galpões, além de um braço forte na Europa. E seguimos querendo mais.

LIÇÕES DO CAPÍTULO 9

» Diversificação é a forma de ficar menos exposto a novos concorrentes, mudanças radicais ou qualquer volatilidade de mercado. Por isso, é a estratégia mais acertada para a continuidade nos negócios.

» Se há uma oportunidade, aproveite; senão alguém o fará.

» Não tenha receio em admirar alguém que julgue melhor.

» Quando falamos em M&As, não necessariamente precisamos comprar uma empresa e utilizá-la tal como está. Às vezes uma funcionalidade pode agregar alguma experiência positiva ao cliente e, se entendermos que a aquisição é o meio mais eficiente para chegar naquela solução, faremos.

Se há uma oportunidade, aproveite; senão alguém o fará.

Capítulo 10
There's always a bigger fish

Eduardo Cosomano

Historicamente, impedir a tecnologia de evoluir como forma de proteger mercados e empregos mostrou-se tão eficiente quanto enxugar gelo. Paralelamente a isso, a ideia de que o desemprego em massa é (foi ou será) causado pela tecnologia soa quase como uma evolução natural. É razoável considerar que a tendência é que a automatização assuma funções operacionais e repetitivas, antes realizadas por humanos. Mas o que pouco se fala é que funções estratégicas e relacionais surgem dessa automatização operacional. Durante um almoço realizado pela Associação de empresas de BPO no Brasil (Abrapsa) no primeiro trimestre de 2022, o consultor Roberto Dias Duarte fez uma colocação que exemplifica bem esse momento: "A tendência é de automação do operacional e humanização do transacional." Quando se analisa um galpão de uma empresa, por exemplo, e nota-se que onde havia duzentas pessoas agora trabalham cinquenta robôs, a relação de causa e consequência parece ainda mais óbvia e direta: robôs tiram empregos de humanos. A tecnologia entra como vilã no primeiro momento. Mas, ampliando um pouco a lente e passando para a sala ao lado, percebe-se que brotou ali um novo departamento, repleto de profissionais e funções que nem sequer existiam há pouco menos de cinco anos. A tecnologia também gera empregos.

A questão aqui é que a evolução tecnológica e as vagas de trabalho inerentes a ela acontecem em uma velocidade, enquanto a formação de mão de obra qualificada para o preenchimento dessas vagas criadas ocorre em ritmo infinitamente mais lento, especialmente no Brasil. A consequência disso é uma crescente de profissionais sendo substituídos pela tecnologia, mas os postos de trabalho gerados pela tecnologia seguem vagos, porque não há profissional qualificado para ocupá-los. Há uma série de matérias na imprensa e pesquisas que comprovam esse fato. De acordo com o IBGE,[65] o Brasil registrava 10,6 milhões de desempregados no trimestre móvel encerrado em maio de 2022. Esse dado, evidentemente, pressupõe escassez de postos de trabalho, o que é verdade. Por outro lado, sobram vagas na área de tecnologia, mesmo no auge da crise.

Segundo o relatório[66] da Associação das Empresas de Tecnologia da Informação e Comunicação (Brasscom), a área de tecnologia da informação (TI) deve demandar cerca de 420 mil profissionais até 2024. O número se contrapõe à baixa quantidade de formação de mão de obra anual e aponta para o risco da falta de profissionais qualificados para ocupar os postos vagos. O mesmo estudo aponta ainda que o Brasil capacita 46 mil pessoas com perfil tecnológico aptas à área de TI. No entanto, a projeção do relatório aponta que serão necessários cerca de 70 mil profissionais ao ano para que as vagas sejam completamente ocupadas.

Há de se considerar que as vagas que têm desaparecido são aquelas desempenhadas de maneira mecânica e repetitiva – como caixas de mercado, empacotadores ou atendentes de telemarketing –, enquanto as vagas que surgem são ligadas à ciência de dados, inteligência artificial e toda a sorte de empregos que envolvem tecnologia. É muito improvável que alguém que sempre teve experiência como entregador de aplicativo consiga, do dia para a noite, um emprego em *data science*.

---

[65] NITAHARA, A. IBGE: desemprego cai para 9,8%; rendimento fica estável. **Agência Brasil**, 30 jun. 2022. Disponível em: https://agenciabrasil.ebc.com.br/economia/noticia/2022-06/ibge-desemprego-cai-para-98-rendimento-fica-estavel. Acesso em: 12 jul. 2022.

[66] LAURINO, T. Falta de profissionais em TI deve provocar "colapso" no setor público, diz associação. **Brasscom**, 14 out. 2021.Disponível em: https://brasscom.org.br/falta-de-profissionais-em-ti-deve-provocar-colapso-no-setor-publico-diz-associacao/. Acesso em: 12 jul. 2022.

Mas, quando a empresa investe na formação dos seus colaboradores, acredite você ou não, um entregador pode vir a ser capaz de se tornar um especialista em ciência de dados. E se esse é um bom negócio para o profissional que evoluiu, é melhor ainda para a empresa que investiu nisso. Não é à toa que cultura digital e automação são a bola da vez nos maiores movimentos de fusões e aquisições.

Guilherme Juliani

Como venho dizendo até aqui, o processo de realização de um IPO é longo e envolve uma série de atribuições, como preparação fiscal, tributária, jurídica e reorganização societária, centenas de auditorias e mudanças de processos operacionais, só para citar as principais tarefas. Tudo para deixar a empresa totalmente de acordo com a regulamentação da B3. Nós ainda não nos regularizamos, mas estamos em vias de nos regularizar. Durante esse processo, muita gente boa passa pela empresa e vai deixando sua contribuição. Só que aconteceu um fato inesperado.

Conforme a nossa companhia foi se adaptando ao processo de abertura de capital, foi crescendo exponencialmente, de modo que nós atuamos dos dois lados do balcão. No capítulo anterior, falamos sobre as aquisições que tentamos e aquelas que conseguimos realizar. Neste capítulo, vamos falar sobre as empresas maiores que passaram a nos sondar para adquirir uma participação acionária do nosso grupo e assim participar do nosso IPO – e não foram poucas, desde empresas brasileiras até multinacionais. Tudo aconteceu simultaneamente, entre 2021 e 2022, tendo como ponto de partida nossa organização para o IPO iniciada no final de 2019.

A nossa percepção é que os preparativos para a entrada na Bolsa transformaram a pequena empresa familiar fundada pelo meu pai nos anos 1990 em uma corporação estruturada, profissionalizada, com uma estratégia muito consistente e boa saúde financeira. Isso chamou muito a atenção não só do mercado brasileiro de transporte, como dos grandes bancos de investimento globais que nos estabeleceram contato, inclusive, com essas multinacionais da Europa. Tudo isso aconteceu muito rápido e, claro, nos surpreendeu de forma extremamente positiva; nós sempre trabalhamos com muito com foco na qualidade e no crescimento, mas, mesmo assim, não imaginávamos que pudéssemos um dia chegar a esse patamar. No momento do fechamento deste capítulo, em julho de 2022, estamos em conversas aceleradas com duas das maiores transportadoras do Brasil, um fundo de private equity e uma multinacional europeia. É importante frisar aqui a nossa preferência absoluta por um fundo de private equity no qual manteremos o comando do leme do navio enquanto eles nos ajudam a navegar na direção do nosso IPO.

A primeira conversa séria que tivemos com uma empresa maior para também participar do nosso processo de IPO começou no início de 2021, com um papo de troca de experiências sobre o processo de abertura de capital. Foi uma troca de experiência extremamente frutífera para os dois lados: tínhamos pouquíssima experiência e queria aprender com os "professores das turmas de física quântica", enquanto esses professores queriam buscar "estagiários" para suas empresas. E entendo que esse foi o caso dessa companhia.

Basicamente, toda a nossa tecnologia e a nossa atuação no crescente mercado de e-commerce poderia não só ser potencializada pela estrutura da companhia deles, como também nós poderíamos trazer o charme tecnológico para o grupo deles. Esse, aliás, vem sendo nosso grande diferencial como ativo. Poucas empresas contam com um nível de automação como o do Grupo MOVE3.

E aqui vale abrirmos um parêntese para analisar brevemente esse tópico.

Algo em que sempre acreditei é que investimentos em tecnologia e automação de processos, de uma maneira geral, devem ser considerados quase que despesa corrente – não no conceito contábil, mas no conceito de planejamento. Quando falo de investimentos em automação, exponencie a ideia para sua sede física, seu website, suas ferramentas de TI, servidores, backups operacionais etc. A empresa deve considerar que sempre serão necessárias melhorias e que isso deve ser considerado obrigatório.

Tudo que temos hoje funcionando aqui na empresa – como esteiras de roteirização, robôs, inteligência artificial, *machine learning*, BI, drone, veículos elétricos, *lockers*, *crowd shipping*, *banking as a service*, algoritmos preditivos, ciência de dados e até impressão 3D – são ferramentas que precisam fazer parte do nosso cotidiano.

Os investimentos nessas áreas não são mais coisa de outro mundo, que só vemos em megamultinacionais. As tecnologias de programação podem ser feitas com times externos e/ou subcontratados de outras empresas (e existem centenas). O mindset dos gestores precisa mudar para acompanhar o mundo e ter a certeza de que todas essas tecnologias são coisas cotidianas. Aqui, conseguimos implantar uma cultura em que a empresa não vê essas tecnologias como ameaça, mas como uma aliada.

Pode parecer natural falar em investimentos em tecnologia atualmente, mas a verdade é que esse tema ainda é visto como tabu em muitas corporações, especialmente levando em consideração as cifras envolvidas. É fundamental, porém, sair do argumento superficial de que tecnologia é algo caro e rouba empregos e levar em conta vários outros fatores na hora de trazer uma transformação tecnológica para a sua empresa.

O primeiro é o ganho operacional: quanto recurso será economizado com a implementação de novas tecnologias? Em nosso caso, nenhuma das automações gerou redução de quadro; em vez disso, o que tivemos foi ganho de produtividade: os investimentos em automação sempre vieram acompanhados pelo crescimento da empresa e da folha. Então, isso torna esse cálculo ainda mais complexo. Minha sugestão é levar em conta que sem a máquina serão necessárias X pessoas para determinada atividade, e que com a máquina você precisará de X-Y.

Um outro dado importante que merece destaque: a forma mais expressiva de pagar a conta dos investimentos em tecnologia é o crédito tributário que os investimentos geram. No caso dos nossos AGVs, que são todos importados, precisamos pagar alíquotas gigantes de PIS, COFINS, IR, ICMS, entre outros, que beiram 60% do valor total do equipamento. Por outro lado, grande parte desse imposto gera crédito tributário em diversas operações da empresa. O que acontece é que, na verdade, "antecipamos" uma despesa tributária e pegamos o crédito aos poucos.

Tudo isso pode ser muito bem calculado. Por isso, muito cuidado para não "evitar" o alto custo de um escritório especializado de importação e economizar usando os serviços daquele seu familiar que acabou de sair da faculdade de comércio exterior. Existe a sabedoria popular que diz que o Brasil não é para amadores e, na área fiscal, realmente: o Brasil é somente para os melhores profissionais.

Investimento em tecnologia é um tema que merece muita atenção e cuidado. E você está lendo isso escrito por uma pessoa que administra um negócio no qual a principal linha de receita está fortemente ameaçada pela tecnologia. Isso porque o nosso grupo de empresas sempre foi muito focado no segmento bancário e ligado na fabricação e distribuição de cartões de crédito e maquininhas de cartão. Não precisamos ser videntes para olhar para um futuro próximo e entender que o cartão de crédito um dia vai acabar, levando com ele as maquininhas. Por isso, seguimos investindo em gerar receita junto a outros setores.

Mas eu acabei falando tudo isso por causa da negociação que estávamos travando. Voltemos a ela.

Cerca de um mês depois da primeira reunião para troca de experiências, recebi uma ligação do CEO deles no sábado para conversar mais sobre sinergia entre as empresas. Ao final, a conversa por telefone esquentou e ficou marcada uma segunda reunião, já para falar diretamente da aquisição de um percentual de ações do nosso grupo e investimentos futuros. Claro que a minha próxima ligação foi para o meu pai, que gostou muito da ideia, e assim combinamos a reunião para dali a dois dias. No dia da reunião, descobri que meu pai tinha ido para Curitiba supervisionar pessoalmente a instalação de um gerador na Jall Card. Assim, fui sozinho para a reunião com os principais assessores dessa empresa; eu era um peixe no meio dos tubarões, mas, como essa era a negociação mais importante da história da empresa, com certeza essa não foi a imagem que ficou – nós éramos, sim, pequenos em tamanho, se comparado a eles, mas com certeza tínhamos um potencial gigantesco, que eles admiravam muito! Ao final chegamos inclusive a rascunhar um acordo: a ideia inicial seria que a gente cedesse o controle acionário da companhia, mas ficasse ainda com 30% da empresa convertida em ações das empresas combinadas e eu continuaria administrando o grupo Move3.

Foram longos meses de negociações intensas e acaloradas, cerca de dezoito meses para ser mais preciso, nos quais tivemos inúmeras oportunidades de participar um pouquinho da vida empresarial não só dessa empresa gigantesca, mas também do grupo que a controla. Nessas reuniões, eu tentava ficar o mais calado possível para tentar aprender com eles sobre aquisições, IPO, gestão, tudo! Foi um aprendizado muito grande. Porém, em determinado momento, sentimos que não era a hora de continuar. Além de uma divergência no conceito e nos valores financeiros presentes na proposta, entendemos que o negócio nas condições pré-acordadas nos colocaria como passageiros do nosso próprio trem, o que implicaria abrir mão de ações diretas de crescimento já desenhadas. Para citar dois exemplos mais concretos, as negociações das empresas sobre as quais estamos conversando para comprarmos também passariam a depender da aprovação desse novo sócio, além, é claro, do impacto na nossa caminhada rumo ao IPO.

É óbvio que não é simples tomar essa decisão, até porque sempre fica na mente aquela história da Blockbuster *versus* Netflix. Como saber se estamos sendo prepotentes em não aceitar uma boa negociação ou se estamos nos valorizando e acreditando que podemos ir mais longe sozinhos?

De um lado estava uma promissora e honrosa proposta de fazer parte de um grupo que sempre admiramos muito, além de um cheque pra lá de interessante. Do outro, nossa sensação de que poderíamos muito mais. Se fosse uma equação simples, só existiriam casos de sucesso. Para complicar ainda mais, nesse tipo de negociação, para todos ficarem na mesma página, normalmente existe um acordo de período de exclusividade no qual nós éramos proibidos de ter conversas no mesmo sentido com outras empresas e/ou fundos. Em resumo, eu tinha que tomar uma decisão e saber sair daquela situação da melhor maneira possível visando aos interesses do grupo, de todos os funcionários e centenas de franquias!

Nesses momentos, entendo que o melhor caminho é ser o mais simples e honesto possível, por uma questão ética e para não me complicar depois. Quem é honesto nunca vai dizer algo de que vai se arrepender depois. Você pode até pensar se aquela foi a melhor escolha, mas até nesse caso a honestidade trará conforto. Sendo assim, passei a mão no telefone e conversei de maneira muito franca com meu interlocutor nessa empresa acerca da nossa decisão de não continuar naquele momento. Foi uma conversa curta, porém difícil, porque não dava para saber como a outra parte receberia aquela informação e se aquela porta viria a se fechar. Por isso, fui bastante claro no que queria, sem delongas. Foi uma decisão sábia, porque o mundo dá voltas, como de fato deu. Mas essa história eu conto um pouco mais adiante.

Nosso período de exclusividade terminou (já estávamos no final de 2021) e o mercado de ações havia despencado. Entre outros pontos, 2022 é um ano eleitoral, a inflação está nas alturas e a taxa Selic novamente soma dois dígitos. Toda essa equação conspira para que a famosa janela de entrada na bolsa possa ter se fechado. De fato, muitas empresas desistiram de fazer seus IPOs no começo do ano. De acordo com dados da Comissão de Valores Mobiliários (CVM) amplamente divulgados pela imprensa,[67] treze empresas desistiram de abrir

---

[67] MARTIN, E. Inflação e juros altos elevam a 13 o número de desistências de IPO em 2022. **Invest News**, 11 fev. 2022. Disponível em: https://investnews.com.br/financas/cancelamentos-de-ipo-em-2022/. Acesso em: 12 jul. 2022.
BOMFIM, R. IPO da Bluefit é cancelado na CVM; 13 empresas já desistiram esse ano. **Valor Econômico**, 28 jan. 2022. Disponível em: https://valor.globo.com/financas/noticia/2022/01/28/ipo-da-bluefit-e-canceladona-cvm-13-empresas-desistiram-este-ano.ghtml. Acesso em: 12 jul. 2022.

capital baseadas especialmente nas condições macroeconômicas do país. Entretanto, nada disso nos desanimou: seguimos trabalhando com foco no IPO porque o mercado desce, mas também sobe. Todavia, o que muitos analistas que ouvi estão considerando é que parece fazer mais sentido esperar o ciclo de 2023 se iniciar para fazer tal movimento.

Só que os negócios não param diante das dificuldades, eles se adaptam. E nesse processo surgiu mais um peixe grande interessado nos nossos negócios, mais especificamente na Flash Courier e na Moove+, deixando de fora Moove Portugal, M3 Bank, goX e, especialmente, Jall Card. E a palavra "especialmente" não foi em vão e soou como música aos ouvidos do meu pai. Também pudera, trata-se da menina dos olhos dele, pois é o negócio que ele administra no dia a dia. Quando ele vislumbrou que o negócio ainda o deixaria com controle total da sua empresa preferida, ficou claro que esse era o seu sonho. Confesso, nunca o vi tão ansioso por uma negociação.

Ao mesmo tempo que já estávamos conversando firmemente com essa segunda empresa, no dia 29 de dezembro de 2021, por volta das 10 horas da manhã, recebi um e-mail de uma butique europeia de M&A manifestando interesse em conversar, pedindo uma reunião meio que na hora. Fizemos uma chamada rápida e eu estava na praia, com a gritaria das crianças alta ao fundo e vendedores ambulantes com um jargão melhor do que o outro. Definitivamente não estava muito concentrado, mas eles falavam sério. Fui me afastando, procurando um lugar um pouco mais silencioso, e, já no final da ligação, que durou cerca de uma hora, eles abriram o jogo: a sondagem era de uma das maiores empresas de logística do mundo, interessada em comprar o nosso grupo.

Não sei se para você que está lendo este livro é assim, mas comigo, quando tudo vai mal, parece que uma dose de insegurança invade o meu campo de ação. Luto contra isso, mas fica um certo clima de pessimismo no ar. Por outro lado, quando tudo vai muito bem, crio uma certa sensação de invencibilidade que é tão maravilhosa quanto perigosa. Minha sorte é que sei disso. Em outras palavras, esse interesse de duas grandes empresas e uma multinacional me mostrou que havíamos criado algo muito valioso. Dava para perceber que seria inevitável que a gente recebesse alguma proposta de entrada de um novo sócio no grupo altamente positiva, daquelas impossíveis de serem recusadas. Mas também não faltam exemplos de empresas que já estiveram no ápice e deixaram o momento passar.

Para garantir que estava fazendo a coisa certa, resolvi revisitar as quatro propostas que já tivemos e reconsiderar todas: o fundo de private equity, as duas empresas brasileiras gigantes e essa multinacional europeia. Já no primeiro trimestre de 2022, retomei o contato com todas para atualizar números. Acredite se quiser, todas voltaram com propostas: algumas mantidas, outras otimizadas. Apesar da preferência pelo fundo e manutenção da direção total do leme, sempre precisamos ter o máximo de opções possíveis na mão antes de escolher. Não somente pelo simples fato de ter escolhas, mas também pela coleta de informações que isso traz, e por isso decidi atualizar todas as propostas.

Lembra que falei que o mundo dá voltas? Pois bem, ele deu.

Após algumas reuniões com o Conselho e conversas com o meu pai, decidimos em conjunto retomar a conversa com a primeira empresa. Para minha felicidade, as portas estavam abertas. Logo no primeiro encontro, demonstramos o quanto nossas empresas tinham crescido nesses quase cinco meses que ficamos sem nos falar. Foi um alinhamento rápido e resolvemos ceder no ponto que tinha emperrado a negociação do nosso lado, que é uma garantia de cinco anos; e eles, por sua vez, aumentaram o valor do negócio em 20%.

Batemos o martelo? Infelizmente, não. Lutei com unhas e dentes para fazer esse negócio acontecer, mas, após dezenas de reuniões e incontáveis horas de auditorias, não chegamos a um denominador comum. E novamente decidimos seguir sozinhos! (Risos.)

Mas, a despeito de todas as idas e vindas, é importante lembrar que nosso desafio agora não é mais a sobrevivência, mas a ampliação e longevidade do nosso grupo. E essa história não acaba com a entrada de um novo investidor ou com nosso IPO. Pessoalmente, durante os meus anos como CEO do grupo, vejo hoje claramente como minha personalidade profissional e a do nosso time mudaram radicalmente ao longo dos anos. Não existe perfil melhor ou pior do que o outro, mas cada um é mais apropriado para cada momento da organização.

Para lidar com esse novo momento, o Grupo MOVE3 conta hoje com o apoio da Machado Meyer e da PWC para avaliar novos negócios. Quando se escolhe as melhores empresas, ganha-se as melhores pessoas, e, embora seja praticamente impossível ter uma margem de total segurança nessas tomadas de decisão, se eu tivesse que dar um chute, diria que, com o timaço que temos, beiramos os quase 80% de visibilidade do futuro. Mas há trechos da estrada em que a névoa é intensa, está chovendo e temos de tomar a decisão de acelerar, parar, ou voltar para trás.

Outra empresa fantástica que contratamos foi a Capitalize, do Onilton e do Onilson, dois irmãos que eram responsáveis pela fase intermediária entre nossa controladoria e a PWC. Infelizmente, o Onilson sofreu um sério AVC e veio a falecer, mas certamente deixou seu legado aqui. Foi um grande profissional e a sua empresa segue sendo nossa parceira.

Também destaco a importância de um Conselho Consultivo. Essa é uma ferramenta simples de ser constituída e muito poderosa para qualquer empresa de qualquer tamanho. Reúna três pessoas que você admira muito profissionalmente e que sempre lhe deram bons conselhos e apresente a elas, uma vez por mês, seus resultados e planejamentos, e deixe que elas abram sua mente. Aqui no grupo, tenho a honra de contar com o apoio do Martin Nelzow, da Ludimila Mangili e do meu pai, Antonio Juliani.

O Martin eu conheci como cliente, mas se tornou um amigo e nos ajudou em algumas situações nas quais eu não tinha mais ninguém para pedir conselhos. Já a Ludimila é uma mulher que, durante todo o processo de M&A com os fundos, sempre havia demonstrado muito conhecimento e uma visão muito bacana. Ela nunca teve muita "frescura" para nos cobrar quando estávamos atrasados nas entregas de informações, e puxava a orelha quando eu falava alguma coisa fora de contexto nas entrevistas.

É inevitável: com a mudança de patamar, a nossa cabeça também muda, assim como nossos sentimentos, e as discussões ficam maiores e mais profundas. Até porque há muita coisa em jogo: um grupo com seis empresas com um *valuation* estimado em quase 1,5 bilhão de reais na bolsa, 350 franquias, milhares de fornecedores, 6 mil colaboradores e suas famílias, incluindo a minha. Por essa razão, seguimos sempre buscando crescer, nos inspirando em quem admiramos, mas impreterivelmente compreendendo a nossa realidade e respeitando muito nossos valores.

Sobre esse tema, muito cuidado com as teorias e práticas excepcionais de empresas grandes ou com margem de lucro enormes. As práticas delas podem não funcionar dentro da sua realidade. Para citar um exemplo, uma teoria muito comum no universo das gigantes de tecnologias é que a receita para a criatividade é testar o máximo de projetos possíveis e enaltecer as falhas como parte do processo – enquanto observam a tese de falhar muito, descobrir a falha rápido e encerrar o projeto de maneira rápida e sem pena, se for necessário. Bem, já imaginou isso na prática em uma empresa pequena com um orçamento limitado?

É evidente que errar é humano e que o processo de construção de uma determinada solução leva tempo. Mas há um ditado popular que diz que "nove mulheres não geram um filho em um mês". E é exatamente isso. Algumas coisas levam determinado tempo e pular fases só gera desperdício de dinheiro. Aqui na empresa, nós buscamos observar as melhores práticas, mas sempre as adaptamos de acordo com a nossa realidade.

Outro exemplo é o conceito de *lean*, empresas enxutas, que consiste resumidamente em criar processos para identificar continuamente oportunidades para "enxugar" os desperdícios. Todo mundo gosta de entrar na operação e ver aquela organização primorosa com o mínimo de movimento de pessoas e recursos possível e tudo funcionando na mais perfeita simetria. Mas o *lean*, em sua definição completa, exige treinamento de todos os colaboradores em todas as funções e diversos outros conceitos que não seriam possíveis de serem totalmente aplicados em um ambiente em que a operação cresce 25% em um único mês – como foi o nosso caso no final de 2020.

A nossa maneira de implantar o *lean manufacturing* na nossa operação foi contratando algumas pessoas da indústria automotiva para os nossos centros de distribuição em cargos de liderança e deixando que essas pessoas aplicassem os conceitos *lean* nos nossos processos, e dentro das possibilidades e necessidades aplicassem os treinamentos de eficiência e liderança em alguns colaboradores-chave, como o *green belt* e o *black belt*. Trata-se de níveis de certificação dentro da metodologia *Six Sigma* que fornecem ferramentas e técnicas para eliminar defeitos e desperdícios nos processos que ocorrem dentro de uma empresa.

Claro que essa nossa maneira de aplicar conceitos da empresa enxuta, do ponto de vista de uma consultoria lean ou algum especialista, será alvo de centenas de críticas, mas foi o jeito que encontramos de gerir apenas um dos diversos projetos que estavam andando paralelamente. A nossa meta não era estabelecer por completo uma *lean manufacturing*, mas desenvolver uma reengenharia da nossa operação e otimizar todos os processos nos utilizando de todas as ferramentas disponíveis, sempre dentro da nossa realidade.

COMO LIDERAR UMA EMPRESA EXPONENCIAL?

Eduardo Cosomano

"Acredito que o crescimento vertical das empresas da holding é uma prova de que não é preciso escolher entre qualidade e quantidade.

Se eu tiver que comparar, até 2014 nós éramos mais conservadores para aceitar volume sob a premissa de nos prepararmos para manter a qualidade. De lá para cá, acredito que ficamos bons o bastante para trocar o pneu com o carro andando. Foi um aprendizado para mim, mas começou por quebrar esse falso paradigma de que é preciso fazer uma escolha. Para escalar e manter a excelência e crescer, é preciso qualificar suas pessoas. Um bom ambiente de trabalho é a chave para isso. Cultura não é papo, tem que permear. Nos aprimoramos nisso", afirma Andrez.

Segundo o executivo, o grupo se sustenta em três pilares. "O primeiro é o controle de custo, na mão, tem que bater mês a mês. Orçamento anual aqui não existe. O segundo é a qualidade em tudo que fazemos. Sem qualidade, ninguém sobrevive; não é clichê, é verdade. Não dá para você ficar falando que é o cara, que é isso, que é aquilo: se não tiver qualidade, essa conversa dura seis meses. Tem um encanto inicial, mas se você não entrega, perde o cliente. E o terceiro é a nossa malha. São eles que garantem a capilaridade e qualidade, e por isso, a malha é o nosso principal ativo. Temos muitas franquias bastante longevas, alguns casos de pais passando para filho", explica.

Um desses casos mais longevos de franqueados é o do Alexandre, o Xandeco, que atua há vinte e oito anos no Grupo Flash. Atualmente responsável pelas franquias do Rio de Janeiro, de Niterói e mais recentemente do Espírito Santo, Alexandre já passou por poucas e boas dentro da empresa. "A última foi a abertura da unidade do Espírito Santo bem no começo da pandemia, foi uma loucura", relembra.[68]

O executivo conta que uma grande demanda surgiu especificamente em Vitória e que o Guilherme o pediu pessoalmente para comandar essa ação. "O problema já começou na saída, porque, naquele período, os voos foram cancelados, então fomos eu e o Rodolfo, meu Gerente Operacional, de carro. Mais de 500 quilômetros, quase oito horas direto."

---

[68] Entrevista realizada em 28 jun. 2022.

Só que, chegando lá, perceberam que talvez estabelecer a base em Vitória não faria sentido. "Ficamos sabendo de uma cidade vizinha chamada Serra, um polo para uma série de grandes e-commerces, uma cidade repleta de galpões. O problema é que a gente não conhecia absolutamente ninguém e precisávamos montar uma frota de entregadores, estruturar a operação, que já se iniciaria com uma estrutura razoavelmente grande. Outro desafio era o tamanho do local. É uma cidade de pouco mais de 530 mil habitantes espalhados em uma área de 547 quilômetros quadrados. A título de comparação, Niterói conta com 500 mil habitantes em uma área de 129 quilômetros quadrados. A distância para as entregas era infinitamente maior, mas conseguimos." Atualmente, a franquia de Serra conta com 25 pessoas e realiza cerca de 20 mil entregas mensais.

Alexandre conta que já passou por diversos cargos dentro da empresa, cuja história se mistura com sua vida. "Eu entrei na Flash com 18 anos, havia acabado de perder meu pai. Me lembro direitinho de todos nós trabalhando na casa da dona Beatriz, da primeira vez que vi o seu Juliani. Comecei fazendo entregas de vale-refeição e vale-transporte, era como se fosse dinheiro vivo. Mais adiante passei por várias funções, até ocupar a gerência de regionais e, depois, gerir minhas franquias. São pessoas que me deram grandes oportunidades, confiaram em mim, e eu confio nelas. Sou muito grato por fazer parte dessa história."

Guilherme Juliani

No início da minha carreira, acreditei que eu era o melhor em quase tudo o que estava fazendo. Isso desde a minha formação na PUC-Rio, onde faltava em muitas aulas e quase nunca estudava, mas tirava notas medianas e quase sempre calculava e empregava o mínimo esforço para passar nas disciplinas. Eu não me orgulho disso, mas levei a faculdade dessa maneira porque achava que estava sempre muito ocupado com coisas mais importantes, como os estágios e a franquia da Flash. Nessa época, eu estudava no período da noite, fazia estágio de oito horas – que era o padrão da época – e ainda cuidava da minha empresa. Fora as baladas, é claro, mas isso fica para um próximo livro.

Na época eu não pensava assim, mas hoje percebo que muito da minha agenda lotada se devia a um perfil controlador, obcecado pelos detalhes e incapaz de confiar nas pessoas, uma vez que acreditava que ninguém se dedicaria como eu. Hoje é fácil ver como esse perfil serve apenas para supervisionar um departamento com poucos funcionários. É como já expliquei aqui: na prática, a necessidade de validar tudo que seu time faz limita totalmente resultados exponenciais. Isso acontece porque você e qualquer outro ser humano do planeta tem um limite relativamente pequeno de ações e decisões que consegue coordenar ou tomar em um determinado período. Você pode ter conhecimentos gerais, mas quando se está cuidando de operações grandes, seus supervisores, gerentes, funcionários e até estagiários poderão ser mais inteligentes que você em determinadas funções.

Mas essa percepção não foi desenvolvida do dia para a noite e, como relatei ao longo do livro, também foi uma característica que eu via em meu pai e que gerava atritos.

No início da carreira, quando os departamentos estavam crescendo, eu tinha uma centena de reuniões por semana, várias planilhas para preencher e assim manter o controle minucioso de tudo. Os PowerPoints tinham que ficar perfeitos, as atas de reuniões irretocáveis, eu controlava tudo. Ou seja, eu era o típico gerente altamente ocupado e certamente muito estressado. Mas tinha certeza de que esse era o caminho, me sentia extremamente útil e achava que era a última bolacha do pacote, pois não sobrava tempo para nada nas minhas doze horas de trabalho diárias.

Até que um dia conversei com o CEO de uma das maiores empresas de celulose do Brasil. Ali tive contato pela primeira vez com uma pessoa que olhei e pensei: *Esse é o cara*. Presidente de uma empresa com diversas fábricas em alguns países e bilhões de reais de receita, vi que ele era uma pessoa extremamente ocupada e, obviamente, com muito mais responsabilidades do que eu. Até que ele falou que, além de CEO, era o Presidente do Graac, representante do Brasil na ONU para determinados assuntos, entre outras funções. Na volta eu pensei: *Nossa, como eu sou um bosta! No meu mundinho me achando o cara mais importante e mais atarefado do mundo.* Nesse momento, percebi que tinha que mudar. Tinha que aprender a delegar como aquele cara fazia. Felizmente, com o tempo, aprendi.

Confiança não é algo simples, precisa ser conquistada com o tempo, mas o primeiro passo é estar predisposto. Prova disso é que não se trata de esperar que as pessoas tomem as decisões que você tomaria. Não. Existem vários casos em que a decisão tomada por outras pessoas poderá ser pior que a sua, mas isso é necessário para que mais decisões sejam tomadas simultaneamente. E é nesse momento que você não pode focar nos erros das pessoas, mas em apoiá-las, ainda mais quando esses erros forem cometidos na direção e intenção corretas. Lembre-se: não é porque você está revoltado com algo que você tem razão!

Como já falei centenas de vezes neste livro, nessa jornada dos últimos sete anos, um ponto de apoio de gigantesco valor e que completa todos os lados nos quais tenho falhas é o Andrez, que está sempre comigo nas maiores decisões e, com certeza, determina grande parte do ritmo da empresa. É sempre necessário ter pessoas que sejam o seu oposto ou que tenham uma grande força em pontos nos quais você tem fraquezas. Tendo a descentralização do poder em curso e com um time montado para exercer as decisões diárias que fazem a empresa andar, podemos nos focar no cenário maior – as estratégias do Grupo MOVE3.

Esse conceito me permite, hoje, desempenhar o papel de CEO de maneira muito eficiente. Nesse momento, os seguintes tópicos ocupam boa parte da minha agenda:

- » O processo do IPO – isso por si só já consome a maioria dos CEOs de qualquer empresa;
- » Auditoria em toda parte administrativa da empresa com a PWC;
- » Forte processo de aquisições de startups e empresas em expansão;
- » Escrevendo e lançando este livro;
- » Expansão na Europa: nossa operação de Portugal começou a render frutos, muitos achavam que ter operação em território português era apenas um golpe de marketing.

Em 2021, eu também assumi o cargo de diretor de e-commerce do Sindicato das Empresas de Transportes de Carga de São Paulo e Região (Setcesp) e, para dar conta dessa demanda, procuro me cuidar sempre. Acordo todos os dias às 5h30 e vou para a academia. Depois de um tempo, ficou óbvio para mim que seria impossível dar o meu melhor se não estivesse disposto e saudável. Fora que exercícios reduzem muito o estresse, acalmam muito a mente.

Para continuar em uma atmosfera positiva no caminho ao trabalho, evito ouvir notícias do estilo "quanto pior, melhor" e escuto, normalmente, um bom e velho rock para chegar o menos estressado possível. Acredito muito que temos uma capacidade limitada de estresse para suportar durante o dia, e não quero gastar isso ouvindo todas as tragédias que não posso resolver. Se informar é uma coisa, se torturar é outra. Eu passo. Antes de dormir, por volta das 23 horas, sempre sobram uns minutos para ler algumas páginas de um livro ou uma notícia que me interesse.

E isso que não abordei o aspecto mais importante da vida: a família. Você, leitor ou leitora, deve ter notado que pouco falei da minha esposa e filhas, mas o fiz porque a Roberta sempre foi muito discreta e as meninas hoje têm 12 anos e, portanto, ainda não decidiram como vão lidar com a exposição midiática no futuro. Até hoje elas não querem ter redes sociais e nem WhatsApp. Por isso, não as incluí aqui, mas, com certeza, ocupam os espaços mais importantes da minha vida.

Enfim, são muitos projetos transformacionais acontecendo ao mesmo tempo – alguns deles com potencial de ganho ou desastre gigantescos –, além, é claro, de todas as responsabilidades da vida pessoal que, com certeza, você aí do outro lado também tem. Mas mesmo assim, encontrar tempo para escrever este livro tem sido um verdadeiro prazer. Conforme o processo de escrita foi avançando, relembrei fatos, revivi emoções, tive a chance de conhecer ainda mais e melhor a minha empresa, meus colaboradores, franquias, meus pais, minha família e, por que não, a mim mesmo.

Eu me lembro bem das milhares de conversas entre mim e Andrez e das nossas preocupações que pareciam gigantes à época: um pequeno concorrente entrando no mercado, um gerente nosso que estava com baixa performance, um cliente que tinha pedido desconto, se iríamos investir 50 mil reais em determinada reforma. E agora as conversas são sobre qual o ramo de empresa deveríamos nos focar em nossos M&As, se vale a pena entrar em determinado segmento de transporte, se vamos avançar nossas operações internacionais para a Ásia ou nos focar na Europa. Sob essa nova perspectiva, é realmente gratificante celebrar aonde chegamos.

Nossa pretensão não é induzir você a jogar o jogo arriscado que jogamos, nem dizer o que é certo ou errado. Eu disse isto no início do livro: a nossa ideia é dividir os acontecimentos que ocorreram ao longo dos anos sem pular nossos erros, deslizes e mancadas, mas também comemorando os nossos feitos. E, se este livro servir para encontrar pelo menos uma solução para um problema da sua vida profissional ou pessoal, já estaremos muito contentes e com a sensação de que valeu a pena compartilhar toda essa história.

LIÇÕES DO CAPÍTULO 10

» Historicamente, impedir a tecnologia de evoluir como forma de proteger mercados e empregos mostrou-se tão eficiente quanto enxugar gelo.

» Quem é honesto nunca vai dizer algo de que vai se arrepender depois. Você pode até pensar se aquela foi a melhor escolha, mas até nesse caso a honestidade trará conforto.

» Quando tudo vai mal, parece que uma dose de insegurança invade o meu campo de ação. Por outro lado, quando tudo vai muito bem, crio uma certa sensação de invencibilidade que é tão maravilhosa quanto perigosa.

» Investimentos em tecnologia e automação de processos devem ser considerados despesa corrente.

» A necessidade de validar tudo que seu time faz limita totalmente resultados exponenciais.

» Temos uma capacidade limitada de estresse para suportar durante o dia, e não quero gastar com algo sobre o qual não tenho controle.

» Lembre-se: não é porque você está revoltado com algo que você tem razão.

Confiança não é algo simples, precisa ser conquistada com o tempo, mas o primeiro passo é estar predisposto.

*Este livro foi impresso
pela gráfica Loyola
em papel pólen bold 70g
em agosto de 2022.*